FRIEDRICH SCHILLER

Kallias
oder über die Schönheit

Über Anmut und Würde

HERAUSGEGEBEN VON
KLAUS L. BERGHAHN

PHILIPP RECLAM JUN. STUTTGART

Universal-Bibliothek Nr. 9307
Alle Rechte vorbehalten
© 1971 Philipp Reclam jun. GmbH & Co., Stuttgart
Bibliographisch ergänzte Ausgabe 1994
Gesamtherstellung: Reclam, Ditzingen. Printed in Germany 2003
RECLAM und UNIVERSAL-BIBLIOTHEK sind eingetragene Marken
der Philipp Reclam jun. GmbH & Co., Stuttgart
ISBN 3-15-009307-4

www.reclam.de

Kallias
oder über die Schönheit

Fragment aus dem Briefwechsel
zwischen Schiller und Körner

Jena, den 25. Jan. 93

[...] Die Untersuchungen über das Schöne, wovon beinahe kein Teil der Ästhetik zu trennen ist, führen mich in ein sehr weites Feld, wo für mich noch ganz fremde Länder liegen. Und doch muß ich mich schlechterdings des Ganzen bemächtigt haben, wenn ich etwas Befriedigendes leisten soll. Die Schwierigkeit, einen Begriff der Schönheit objektiv aufzustellen und ihn aus der Natur der Vernunft völlig a priori zu legitimieren, so daß die Erfahrung ihn zwar durchaus bestätigt, aber daß er diesen Ausspruch der Erfahrung zu seiner Gültigkeit gar nicht nötig hat, diese Schwierigkeit ist fast unübergehbar. Ich habe wirklich eine Deduktion meines Begriffs vom Schönen versucht, aber es ist ohne das Zeugnis der Erfahrung nicht auszukommen. Diese Schwierigkeit bleibt immer, daß man mir meine Erklärung bloß darum zugeben wird, weil man findet, daß sie mit den einzelnen Urteilen des Geschmacks zutrifft, und nicht (wie bei einer Erkenntnis aus objektiven Prinzipien doch sein sollte) sein Urteil über das einzelne Schöne in der Erfahrung deswegen richtig findet, weil es mit meiner Erklärung übereinstimmt. Du wirst sagen, daß dies etwas viel gefordert sei; aber solange man es nicht dahin bringt, so wird der Geschmack immer empirisch bleiben, so wie Kant es für unvermeidlich hält. Aber eben von dieser Unvermeidlichkeit des Empirischen, von dieser Unmöglichkeit eines objektiven Prinzips für den Geschmack kann ich mich noch nicht überzeugen.

Es ist interessant zu bemerken, daß meine Theorie eine vierte mögliche Form ist, das Schöne zu erklären. Entweder man erklärt es objektiv oder subjektiv; und zwar entweder sinnlich-subjektiv (wie Burke u. a.), oder subjektiv-rational (wie Kant), oder rational-objektiv (wie Baumgarten, Mendelssohn und die ganze Schar der Vollkommenheitsmänner), oder endlich sinnlich-objektiv: ein Terminus, wobei Du Dir freilich jetzt noch nicht viel wirst denken können, außer wenn Du die drei anderen Formen miteinander vergleichst. Jede dieser nachgehenden Theorien hat einen Teil Erfahrung für sich und enthält offenbar einen Teil der Wahrheit; und der Fehler scheint bloß der zu sein, daß man diesen Teil der Schönheit, der damit übereinstimmt, für die Schönheit selbst genommen hat. Der Burkianer hat gegen den Wolffianer vollkommen recht, daß er die Unmittelbarkeit des Schönen, seine Unabhängigkeit von Begriffen behauptet; aber er hat unrecht gegen die Kantianer, daß er es in die bloße Affektibilität der Sinnlichkeit setzt. Der Umstand, daß bei weitem die meisten Schönheiten der Erfahrung, die ihnen in Gedanken schweben, keine völlig freie Schönheiten, sondern logische Wesen sind, die unter dem Begriff eines Zweckes stehen, wie alle Kunstwerke und die meisten Schönheiten der Natur, dieser Umstand scheint alle, welche die Schönheit in eine anschauliche Vollkommenheit setzen, irregeführt zu haben; denn nun wurde das logisch Gute mit dem Schönen verwechselt. Kant will diesen Knoten dadurch zerhauen, daß er eine pulchritudo vaga und fixa, eine freie und intellektuierte Schönheit annimmt; und er behauptet, etwas sonderbar, daß jede Schönheit, die unter dem Begriffe eines Zweckes stehe, keine *reine* Schönheit sei: daß also eine Arabeske und was ihr ähnlich ist, als Schönheit betrachtet, reiner sei als die höchste Schönheit des Menschen. Ich finde, daß seine Bemerkung den großen Nutzen haben kann, das Logische von dem Ästhetischen zu scheiden, aber eigentlich scheint sie mir doch den Begriff der Schönheit völlig zu verfehlen. Denn eben darin zeigt sich die Schönheit in ihrem höchsten Glanze, wenn sie die

logische Natur ihres Objektes überwindet; und wie kann sie überwinden, wo kein Widerstand ist? Wie kann sie dem völlig farblosen Stoff ihre Form erteilen? Ich bin wenigstens überzeugt, daß die Schönheit nur die Form einer Form ist und daß das, was man ihren Stoff nennt, schlechterdings ein geformter Stoff sein muß. Die Vollkommenheit ist die Form eines Stoffes, die Schönheit hingegen ist die Form dieser Vollkommenheit: die sich also gegen die Schönheit wie der Stoff zu der Form verhält.
Ich habe Dir hier allerlei durcheinander geschrieben, und vielleicht ziehe ich den Vorhang mehr auf, wenn ich wieder eine schwatzhafte Laune kriege. [...]
S.

Dresden, den 4. Febr. 93

Dein letzter Brief hat mir viel Stoff zum Nachdenken gegeben. Indem ich Deine Ideen mit den Resultaten meines eigenen Nachdenkens zusammenhalte, wird mir manches klarer, was ich bis jetzt nur dunkel geahndet habe. Unser alchimistischer Prozeß rückt vorwärts, und vielleicht glückt es uns, Kanten zum Trotz den Stein der Weisen zu finden.
Du fühlst die Notwendigkeit, eine Theorie des Schönen unabhängig von aller *Autorität* zu gründen. Wir suchen einen Grund der Klassifikation des Schönen und Nichtschönen, der nicht willkürlich, sondern *notwendig* ist.
Zu diesem Ziele gelangen wir nicht, wenn wir das Schöne, als durch Erfahrung gegeben, wie ein Naturprodukt analysieren und seine Merkmale zu bestimmen suchen. Indem wir irgendein Objekt als *schön* anerkennen, setzen wir ein eignes oder fremdes Urteil als entschieden voraus, da wir doch erst das Willkürliche oder Unwillkürliche dieser Urteile prüfen wollen.
Laß uns untersuchen, wie wir bei *anderen Klassifika-*

tionen das Unwillkürliche von dem Willkürlichen unterscheiden.

Klassifizieren ist die zweite Operation unsers Verstandes; die erste war *Unterscheiden*. Aus dem Chaos des vorstellbaren Stoffs wird ein einzelnes Objekt durch Bemerkung seiner *Unterschiede* von der übrigen Masse ausgehoben, und wir erlangen eine *Vorstellung*. An mehreren vorgestellten Objekten werden *gemeinsame Unterschiede* von anderen Objekten wahrgenommen, und wir ordnen, klassifizieren, bilden *Begriffe*.

Das Objektive, Gegebene, Unwillkürliche des *Begriffs* sind daher die gemeinsamen Unterschiede mehrerer Objekte von andern Objekten. Dieser Stoff des Begriffs ist nicht erdacht, sondern wahrgenommen, nicht durch *subjektive*, sondern durch *objektive Täuschung* hervorgebracht. Und alle Prüfung unserer Erkenntnis endigt bei dem Unterschiede zwischen subjektiver und objektiver Täuschung. Nur vor dem Einfluß des Persönlichen können wir uns verwahren; der *allgemeine* und *dauernde* Schein gilt uns für Wahrheit, oder wir müssen auf alle Erkenntnis Verzicht tun.

Unter die gemeinsamen Unterschiede der Objekte gehört ihre angenehme oder *unangenehme Wirkung* auf unser Empfindungsvermögen. Aber diese Unterschiede geben nur *relative* Klassen in Beziehung auf die Empfänglichkeit jedes einzelnen Subjekts.

Laß uns also von dem *Verhältnisse* der Objekte zum *betrachtenden Subjekte* abstrahieren und sie *isoliert* untereinander vergleichen.

Was wir an den Objekten vergleichen, ist Größe, Beschaffenheit oder Verhältnis.

An der *Beschaffenheit* unterscheiden wir *Stoff* und *Form*.

Der Stoff der Beschaffenheit besteht aus den einzelnen *besonderen Merkmalen* der Bestandteile des Objekts (Mannigfaltiges).

Die Form der Beschaffenheit ist die Verbindung dieser Bestandteile zu einem *Ganzen* (Einheit).

Die Verbindung der Bestandteile zu einem Ganzen setzt eine *herrschende Kraft* voraus, der die Kräfte der einzelnen Bestandteile untergeordnet sind.

Das Übergewicht der herrschenden Kraft unterscheiden wir von dem Übergewicht der subordinierten Kräfte und nennen jenes Schönheit, Vollkommenheit etc. – dieses Häßlichkeit, Verfall, Unvollkommenheit.

Diesen Satz postuliere ich einstweilen, bis ich durch Anwendung auf die konkreten Fälle gezeigt habe, daß, wo wir Schönheit finden, ein Sieg der schaffenden und erhaltenden Kraft über das Chaos der Elemente des Ganzen bemerkt wird.

Ich betrachte zuerst *einfache* Objekte: Farben, Töne, Bewegungen, Gedanken, Handlungen.

Ein gefärbter Körper wirft von der Oberfläche nur einen gewissen Teil der Lichtstrahlen zurück. Daß er *diesen* Teil in seiner Reinheit zurückwerfe, ist das Ziel der Kraft, welche das *Ganze* der Farbe begründet. Diese Kraft wird durch die Wirksamkeit heterogener Teile beschränkt. Daher das Schmutzige der Farben.

Ein tönender Körper unterscheidet sich durch die *Einheit* der Schwingungen in allen seinen elastischen Teilen. Wird diese Einheit durch einzelne schallende Teile zerstört, so entsteht ein *Geräusch*. Je weniger Geräusch, desto schöner der Ton.

Ohne überwundenen Widerstand der einzelnen Elemente gibt es keine Anschauung der Realität eines Ganzen. Bei einer Bewegung in grader Linie ist kein Widerstand. Die wellenförmige Linie hat eine herrschende Richtung, aber mit der Spur überwundener entgegengesetzter Richtungen verbunden. Der Stoff eines *Gedankens* scheint jeder Verbindung zu widerstreben oder eine *andere* Zusammensetzung zu fodern; aber die Denkkraft überwältigt ihn.

Die äußeren Umstände fodern zu entgegengesetzten

Handlungen auf; aber der Wille des Handelnden behauptet das Übergewicht.
Nach dieser Analogie betrachte ich *zusammengesetzte* Objekte, an denen man Schönheit bemerkt, als:
Verhältnisse – Größe der Teile, abhängig nicht von heterogenen Kräften, sondern von der herrschenden Kraft des Ganzen.
Umrisse – Sieg der bildenden Kraft oder der Kohäsion über die widerstrebenden Kräfte der Bestandteile z. B. bei der Kuppel oder der Vase über die Schwerkraft.
Akkorde – überwiegende Einheit der tönenden Schwingungen über ihre Verschiedenheit.
Dies sind die Zusammensetzungen des Koexistierenden. Beim *Sukzessiven* gilt eben die Analogie.
Tanz, Mimik – Übergewicht der herrschenden Kraft in einer Reihe von Bewegungen.
Melodie, Harmonie – eine Reihe von einzelnen Tönen oder Akkorden, der herrschenden Kraft subordiniert.
Werk des Redners oder Dichters – eine Reihe von Gedanken, Bildern, Empfindungen, der herrschenden Idee subordiniert.
Charakter – eine Reihe von Handlungen, einem herrschenden Willen subordiniert.
In dem Verhältnisse der herrschenden Kraft zu den Kräften der Elemente des Ganzen unterscheide ich drei Zustände des Positiven:
a. entschiedener Sieg über die widerstrebenden Kräfte, in Beziehung auf einen besonderen Zweck innerhalb oder außerhalb des Objekts – Vollkommenheit.
b. entschiedener Sieg über die widerstrebenden Kräfte, in Beziehung auf den allgemeinen Zweck aller lebendigen Wesen, die Erweiterung ihrer Schranken – Größe (wenn der Widerstand schwer zu überwinden war).
c. kaum errungener Sieg mit Gefahr, überwältigt zu werden – Schönheit (Mittellinie).
Das Gefallen des Schönen erkläre ich aus der Sympathie, die durch Anschauen des Lebens in den äußeren

Objekten erweckt wird. Daher die Begeisterung beim Anblick des Schönen – das Bestreben, auch seine eigenen Schranken zu erweitern.

Das *Relative* im Geschmack entsteht aus der Verschiedenheit der Urteile über die Frage, ob die herrschende Kraft oder die widerstrebenden Kräfte das Übergewicht haben? Was einem leer oder überladen ist, ist dem andern einfach oder reich.

Ich schicke Dir diese Gedanken in ihrer rohen Gestalt. Was mir weiter darüber einfällt nächstens.

[...] K.

[...] Jena, den 8. Febr. 93

Über Deinen Brief, den ich vor wenig Stunden erhielt, habe ich mich gar sehr gefreut, und er hat mich in eine Stimmung gesetzt, wo mir vielleicht die kurze Darstellung meiner Idee von Schönheit gelingen wird. Wie nahe wir einander in unsern Ideen gekommen sind, wirst Du bald sehen, und vielleicht findest Du gewisse, mehr von Dir bloß *geahnte* Ideen in *meiner* Vorstellung des Schönen verdeutlicht. Deine Ausdrücke: *Leben* in den äußeren Objekten, *herrschende* Kraft und *Sieg* der herrschenden Kraft, *heterogene* Kräfte, *widerstrebende* Kräfte u. dgl., sind zu unbestimmt, als daß Du sicher sein könntest, gar nichts Willkürliches, nichts Zufälliges darein zu legen; sie sind mehr *ästhetisch-* als *logisch-deutlich* und deswegen gefährlich.

Alsdann kann Dich ein Kantianer immer noch mit der Frage in die Enge treiben, nach welchem Prinzip der Erkenntnis der Geschmack verfahre? Du gründest Deine Idee einer herrschenden Kraft auf die eines Ganzen, auf den Begriff der Einheit des Verbundenen, Mannigfaltigen; aber woran erkennt man diese Einheit? Offenbar nur durch einen Begriff; man muß einen Begriff von dem Ganzen haben, zu welchem das Mannigfaltige zusammenstimmen soll. Deine *herrschende Kraft* und die *sinnliche Vollkommenheit* der Wolffschen Schule liegen nicht so gar weit voneinander, denn der Prozeß der Beurteilung ist bei beiden logisch. Beide setzen voraus, daß man der Beurteilung einen Begriff unterlege. Nun hat Kant darin offenbar recht, daß er sagt, das Schöne gefalle ohne Begriff; ich kann ein schönes Objekt lange vorher schön gefunden haben, ehe ich nur entfernt imstande bin, die Einheit seines Mannigfaltigen anzugeben und zu bestimmen, was die herrschende Kraft an demselben ist.

Übrigens rede ich hier mehr als Kantianer, denn es ist am Ende möglich, daß auch meine Theorie von diesem Vorwurfe nicht ganz frei bleibt. Ich habe einen doppelten Weg vor mir, Dich in meine Theorie hineinzuführen: einen sehr unterhaltenden und leichten, *durch die Erfahrung*, und einen sehr reizlosen, durch Vernunftschlüsse. Laß mich den letzten vorziehen; denn ist *der* einmal zurückgelegt, so ist das *Übrige* desto angenehmer.

Wir verhalten uns gegen die *Natur* (als Erscheinung) entweder *leidend* oder *tätig*, oder leidend und tätig zugleich.

Leidend: wenn wir ihre Wirkungen bloß *empfinden*; *tätig:* wenn *wir* ihre Wirkungen bestimmen; beides zugleich, wenn wir sie uns *vorstellen*.

Es gibt zweierlei Arten, sich die Erscheinungen vorzustellen. Entweder wir sind mit Absicht auf ihre Erkenntnis gerichtet, wir *beobachten* sie; oder wir lassen uns von den Dingen selbst zu ihrer Vorstellung einladen: wir *betrachten* sie bloß.

Bei *Betrachtung* der Erscheinung verhalten wir uns *leidend*, indem wir ihre Eindrücke empfangen; *tätig*, indem wir diese Eindrücke unseren *Vernunftformen* unterwerfen (dieser Satz wird aus der Logik postuliert).

Die Erscheinungen nämlich müssen sich in unserer Vorstellung nach den Formalbedingungen der Vorstellungs-

kraft richten (denn eben das macht sie zu *Erscheinungen*), sie müssen die Form von unserem Subjekt erhalten.
Alle Vorstellungen sind ein Mannigfaltiges oder Stoff; die Verbindungsweise dieses Mannigfaltigen ist seine Form. Das Mannigfaltige gibt der *Sinn*; die Verbindung gibt die Vernunft (in allerweitester Bedeutung): denn Vernunft heißt das Vermögen der Verbindung.
Wird also dem Sinne ein Mannigfaltiges gegeben, so versucht die Vernunft demselben ihre Form zu erteilen, d. h. es nach ihren Gesetzen zu verbinden.
Form der Vernunft ist die Art und Weise, wie sie ihre Verbindungskraft äußert. Es gibt aber zwei verschiedene Hauptäußerungen der verbindenden Kraft, also auch ebenso viele Hauptformen der Vernunft. Die V(ernunft) verbindet entweder Vorstellung mit Vorstellung zur Erkenntnis (theoretische Vernunft), oder sie verbindet Vorstellungen mit dem Willen zur Handlung (praktische Vernunft).
So wie es zwei verschiedene Formen der Vernunft gibt, so gibt es auch zweierlei Materien für jede dieser Formen. Die theoretische Vernunft wendet ihre Formen auf Vorstellungen an, und diese lassen sich in unmittelbare (Anschauung) und in mittelbare (Begriffe) einteilen. Jene sind durch den Sinn, diese durch die Vernunft selbst (obschon nicht ohne Zutun des Sinnes) gegeben. In den ersten, den Anschauungen, ist es zufällig, ob sie mit der Form der Vernunft übereinstimmen; in den Begriffen ist es notwendig, wenn sie sich nicht selbst aufheben sollen. Hier findet also die Vernunft Übereinstimmung mit ihrer Form; dort wird sie überrascht, wenn sie sie findet.
Ebenso ist es mit der praktischen (handelnden) Vernunft. Diese wendet ihre Form auf Handlungen an, und diese lassen sich entweder als freie oder als nicht freie Handlungen, Handlungen durch oder nicht durch Vernunft, betrachten. Die pr(aktische) Vernunft fodert

von der ersten eben das, was die theoretische von den Begriffen. Übereinstimmung freier Handlungen mit der Form der praktischen Vernunft ist also notwendig; Übereinstimmung *nichtfreier* mit dieser Form ist zufällig.

Man drückt sich daher richtiger aus, wenn man diejenigen Vorstellungen, welche nicht durch theoretische Vernunft sind und doch mit ihrer Form übereinstimmen, Nachahmungen von Begriffen, diejenigen Handlungen, welche nicht durch prakt. Vernunft sind und doch mit ihrer Form übereinstimmen, Nachahmungen freier Handlungen; kurz, wenn man beide Arten Nachahmungen (Analoga) der Vernunft nennt.

Ein Begriff kann keine Nachahmung der Vernunft sein, denn er ist durch Vernunft, und Vernunft kann sich nicht selbst nachahmen; er kann der Vernunft nicht bloß *analog*, er muß wirklich vernunftmäßig sein. Eine Willenshandlung kann der Freiheit nicht bloß analog, sie muß – oder soll wenigstens – wirklich frei sein. Hingegen kann eine mechanische Wirkung (jede Wirkung durchs Naturgesetz) nie als wirklich *frei*, sondern bloß der Freiheit analog beurteilt werden.

Hier will ich Dich einen Augenblick ausschnaufen lassen, besonders um Dich auf den letzten Absatz aufmerksam zu machen, weil ich ihn in der Folge wahrscheinlich nötig haben werde, um einen Einwurf, den ich von Dir gegen meine Theorie erwarte, zu beantworten. Ich fahre fort.

Die theoret(ische) Vernunft geht auf Erkenntnis. Indem sie also ein gegebenes Objekt ihrer Form unterwirft, so prüft sie, ob Erkenntnis daraus zu machen sei, d. ist, ob es mit einer schon vorhandenen Vorstellung verbunden werden könne. Nun ist die gegebene Vorstellung entweder ein Begriff oder eine Anschauung. Ist sie ein Begriff, so ist sie schon durch ihre Entstehung, durch sich selbst, notwendig auf Vernunft bezogen, und eine Verbindung, die schon ist, wird bloß ausgesagt.

Eine Uhr z. B. ist eine solche Vorstellung. Man beurteilt sie bloß nach dem Begriff, durch den sie entstanden ist. Die Vernunft braucht also nur zu entdecken, daß die gegebene Vorstellung ein Begriff ist, so entscheidet sie eben dadurch, daß sie mit ihrer Form übereinstimme.

Ist aber die gegebene Vorstellung eine Anschauung, und soll die Vernunft dennoch eine Übereinstimmung derselben mit ihrer Form entdecken, so muß sie (regulativ, nicht, wie im ersten Falle, konstitutiv) und zu ihrem Behufe der gegebenen Vorstellung einen Ursprung durch theoretische Vernunft *leihen*, um sie nach Vernunft beurteilen zu können. Sie legt daher aus eigenem Mittel in den gegebenen Gegenstand einen Zweck hinein und entscheidet, ob er sich diesem Zwecke gemäß verhält. Dies geschieht bei jeder *teleologischen*, jenes bei jeder *logischen* Naturbeurteilung. Das Objekt der logischen ist *Vernunftmäßigkeit*, das Objekt der *teleologischen Vernunftähnlichkeit*.

Ich vermute, Du wirst *aufgucken*, daß Du die Schönheit unter der Rubrik der theoretischen Vernunft nicht findest und daß Dir ordentlich dafür bange wird. Aber ich kann Dir einmal nicht helfen, sie ist gewiß nicht bei der theoretischen Vernunft anzutreffen, weil sie von Begriffen schlechterdings unabhängig ist; und da sie doch zuverlässig in der *Familie der Vernunft muß* gesucht werden, und es außer der theoret(ischen) V(ernunft) keine andere als die praktische gibt, so werden wir sie wohl hier suchen müssen, und auch finden. Auch, denke ich, sollst Du, wenigstens in der Folge, Dich überzeugen, daß ihr diese Verwandtschaft keine Schande macht.

Die praktische Vernunft abstrahiert von aller Erkenntnis und hat bloß mit Willensbestimmungen, innern Handlungen zu tun. Praktische Vernunft und Willensbestimmung aus bloßer Vernunft sind eins. *Form* der praktischen Vernunft ist unmittelbare Verbindung des Willens mit Vorstellungen der Vernunft, also *Ausschließung jedes äußern* Bestimmungsgrundes; denn ein Wille, der nicht durch die bloße Form der pr(aktischen) Vernunft bestimmt ist, ist von außen, materiell, heteronomisch, bestimmt. Die Form der praktischen Vernunft annehmen oder nachahmen heißt also bloß: nicht von außen, sondern durch sich selbst bestimmt sein, autonomisch bestimmt sein, oder so erscheinen.

Nun kann die pr(aktische) Vernunft, ebenso wie die theoretische, ihre Form sowohl auf das, was durch sie selbst ist (freie Handlungen), als auf das, was nicht durch sie ist (Naturwirkungen), anwenden.

Ist es eine Willenshandlung, worauf sie ihre Form bezieht, so bestimmt sie bloß, was ist; sie sagt aus, ob die Handlung das ist, was sie sein *will* und *soll*. Jede moralische Handlung ist von dieser Art. Sie ist ein Produkt des reinen, d. i. des durch bloße Form und also autonomisch bestimmten Willens, und sobald die Vernunft sie dafür erkennt, sobald sie weiß, daß es eine Handlung des reinen Willens ist, so versteht es sich auch schon von selbst, daß sie der Form d(er) prakt(ischen) Vernunft gemäß ist: denn das ist völlig identisch.

Ist der Gegenstand, auf den die pr(aktische) V(ernunft) ihre Form anwendet, nicht durch einen Willen, nicht durch prakt(ische) Vern(unft) da, so macht sie es ebenso mit ihm, wie die theoretische es mit Anschauungen machte, die Vernunftähnlichkeit zeigten. Sie leiht dem Gegenstande (regulativ, und nicht, wie bei der moralischen Beurteilung, konstitutiv) ein Vermögen, sich selbst zu bestimmen, einen Willen, und betrachtet ihn alsdann unter der Form dieses *seines* Willens (ja nicht *ihres* Willens, denn sonst würde das Urteil ein moralisches werden). Sie sagt nämlich von ihm aus, ob er *das*, was er ist, durch *seinen reinen Willen*, d. h. durch seine sich selbstbestimmende Kraft, ist; denn ein reiner Wille und Form der praktischen Vernunft ist eins.

Von einer *Willenshandlung* oder moralischen Handlung fordert sie *imperativ*, daß sie durch reine Form der Vernunft sei; von einer *Naturwirkung* kann sie (nicht fordern) aber wünschen, daß sie *durch sich selbst sei*, daß sie Autonomie zeige. (Aber hier muß noch einmal bemerkt werden, daß die pr(aktische) Vernunft von einem solchen Gegenstand durchaus nicht verlangen kann, daß er durch sie, nämlich durch praktische Vernunft, sei; denn da wäre er nicht durch *sich* selbst, nicht autonomisch, sondern durch etwas Äußeres [weil sich jede Bestimmung durch Vernunft gegen ihn als etwas Äußeres als Heteronomie verhält], also durch einen fremden Willen bestimmt.) *Reine Selbstbestimmung* überhaupt ist Form der pr(aktischen) Vernunft. Handelt also ein Vernunftwesen, so muß es aus *reiner Vernunft* handeln, wenn es reine Selbstbestimmung zeigen soll. Handelt ein bloßes Naturwesen, so muß es aus *reiner Natur* handeln, wenn es reine Selbstbestimmung zeigen soll, denn das Selbst des Vernunftwesens ist Vernunft, das Selbst des Naturwesens ist Natur. Entdeckt nun die praktische Vernunft bei Betrachtung eines Naturwesens, daß es durch sich selbst bestimmt ist, so schreibt sie demselben (wie die theoret(ische) Vernunft in gleichem Fall einer Anschauung *Vernunftähnlichkeit* zugestand) *Freiheitähnlichkeit* oder kurzweg *Freiheit* zu. Weil aber diese Freiheit dem Objekte von der Vernunft nur geliehen wird, *da nichts frei sein kann als das Übersinnliche, und Freiheit selbst nie als solche in die Sinne fallen kann* – kurz – da es hier bloß darauf ankommt, daß ein Gegenstand frei *erscheine*, nicht wirklich *ist*: so ist diese Analogie eines Gegenstandes mit der Form der pr(aktischen) Vernunft nicht Freiheit in der Tat, sondern bloß *Freiheit in der Erscheinung, Autonomie in der Erscheinung*.

Hieraus ergibt sich also eine vierfache Beurteilungsart

und eine ihr entsprechende vierfache Klassifikation der vorgestellten Erscheinung.
Beurteilung von *Begriffen* nach der Form der Erkenntnis ist logisch; Beurteilung von Anschauungen nach eben dieser Form ist teleologisch. Eine Beurteilung freier Wirkungen (moralischer Handlungen) nach der Form des reinen Willens ist moralisch; eine Beurteilung nichtfreier Wirkungen nach der Form des reinen Willens ist ästhetisch. *Übereinstimmung* eines Begriffs mit der Form der Erkenntnis ist *Vernunftmäßigkeit* (Wahrheit, Zweckmäßigkeit, Vollkommenheit sind bloß Beziehungen dieser letztern), *Analogie* einer Anschauung mit der Form der Erkenntnis ist *Vernunftähnlichkeit* (Teleophanie, Logophanie möchte ich sie nennen), Übereinstimmung einer Handlung mit der Form des r(einen) Willens ist *Sittlichkeit*. Analogie einer Erscheinung mit der Form des reinen Willens oder der Freiheit ist *Schönheit* (in weitester Bedeutung).
Schönheit also ist nichts anders als Freiheit in der Erscheinung.
[...] S.

Dresden, den 15. Febr. 93

Ich kann mir nicht versagen, Deinen Brief sogleich zu beantworten, ohngeachtet die Ideen, welche er bei mir erweckt hat, noch lange nicht zur Reife gekommen sind.
Der Hauptsatz Deiner Theorie hat etwas äußerst Befriedigendes, besonders für den Freund des Kantischen Systems; aber beim fortgesetzten Nachdenken sind mir einige Zweifel eingefallen.
Dein Prinzip der Schönheit ist bloß subjektiv; es beruht auf der Autonomie, welche zu der gegebenen Erscheinung *hinzugedacht* wird. Nun fragt sich's aber, ob es nicht möglich sei, *in den Objekten* die Bedingungen

zu erkennen, auf welchen dieses Hinzudenken der Autonomie beruht. Um eine *reine Selbstbestimmung* wahrzunehmen, muß das Selbst von dem Nichtselbst, das αὐτὸν von dem ἕτερον, unterschieden und das Verhältnis zwischen beiden bemerkt werden. Muß daher nicht der Begriff dessen, was Du die *Natur* des Wesens nennst, genauer bestimmt werden? und dies um so mehr, damit er nicht mit dem Begriffe des *Zwecks*, welcher der Vollkommenheit zum Grunde liegt, verwechselt werde.

Du glaubst mit Kant, das Schöne gefalle ohne Begriff. Aber wenn wir uns gleich in dem Moment der angenehmen Empfindung die Bedingungen des Wohlgefallens nicht deutlich denken, hindert uns dies, diese Bedingungen aufzusuchen? Ich sehe ein Gebäude – die Verhältnisse der Teile machen einen angenehmen Eindruck. – Ich höre einen Akkord auf der Orgel – die Harmonie befriedigt mich. In diesem Momente bemerke ich nicht, daß die Verhältnisse der sichtbaren oder tönenden Teile des Objekts in *kleinern Zahlen*, 1 zu 2, 3 etc. ausgedrückt werden können. Aber bei genauerer Betrachtung der Objekte finde ich, daß dieses Merkmal mit der angenehmen Empfindung zusammentrifft. Auf diese Art gelange ich zur Kenntnis der *nächsten* Bedingung der Schönheit. Und sollten sich durch diese nicht auch die entfernteren finden lassen?

Was Du von der Autonomie der Schönheit sagst, scheint mir äußerst fruchtbar. Nur möchte ich nicht gern die Schönheit aus der Sittlichkeit, sondern lieber diese aus jener, und beide aus einem höhern Prinzip deduzieren. Das *Interesse* der Sittlichkeit, wovon Kant so viel spricht, scheint mir eben sich auf Schönheit zu gründen.

Dies *höhere Prinzip* ist freilich noch zu finden, und mit Recht bemerkst Du in dem, was ich Dir darüber geschrieben habe, daß durch den Gebrauch der bildlichen Ausdrücke Bestimmtheit und Klarheit aufgeopfert wird. Aber was ich selbst noch nicht klärer gedacht habe, konnte ich Dir nur durch diese Analogien mit gewissen gangbaren Bildern der Phantasie andeuten.

Es gibt zwei Arten, einen Begriff zu bestimmen – indem man vom Besondern zum Allgemeinen heraufsteigt – oder indem man vom Allgemeinsten zum weniger Allgemeinen herabsteigt. Auf jenem, als dem empirischen Wege, fürchten wir das Willkürliche (Relative) und wählen den letztern Weg – den Weg a priori.

Kants Warnungen über die Grenzen der reinen Vernunft dürfen uns nicht abhalten. Sie dient uns bloß zum *regulativen* Gebrauch. Wir maßen uns nicht an, etwas durch sie zu *erkennen*. Sie soll uns bloß Gründe liefern, den erkannten (durch Erfahrung gegebenen) Stoff zu *ordnen*. Dadurch wird sie für uns *praktisch* in einem weiteren Sinne, als Kant diesen Ausdruck gebraucht.

Kant macht uns aufmerksam auf den Unterschied zwischen dem *Stoff* und der *Form* der *Erfahrung*.

Dieser Unterschied berechtigt uns zu einer doppelten Klassifikation der *Erscheinungen*. Wir versuchen die letztere.

Was in der *Form* der Erfahrungen durch Sinnlichkeit gegeben oder durch Vernunft hervorgebracht ist, brauchen wir zu unserem Behufe nicht zu untersuchen. Genug, es gibt etwas *Gemeinsames* an den Erfahrungen, was von den Besonderheiten ihres Stoffs unabhängig ist. Unabhängig von den Besonderheiten des Stoffs sind nämlich die allgemeinen Bedingungen der Anschauung, oder dasjenige in der Erscheinung, was die Anschauung von der Nichtanschauung unterscheidet.

Im Zustande der Nichtanschauung verhalte ich mich leidend gegen die ganze auf mich einwirkende Masse des vorstellbaren Stoffs, und diese Masse macht einen einzigen Totaleindruck, in dem ich nichts unterscheide.

Ich unterscheide mich selbst von allen äußern Objekten – Bewußtsein.
Ich unterscheide ein Mannigfaltiges in mir (Veränderungen in dem beharrlichen Selbst) – Empfindung.
Ich unterscheide ein Mannigfaltiges außer mir – Stoff der Vorstellung.
Ich verbinde einen Teil dieses Stoffs und hebe ihn aus der übrigen Masse heraus – Anschauung.
Dieses Herausheben – das wesentliche Erfordernis der Anschauung, geschieht durch Wahrnehmung der *Schranken*, wodurch das angeschaute Objekt sich von dem übrigen vorstellbaren Stoffe absondert.
Diese Schranken sind:
   a. in der Reihe der Sukzession – Zeit;
   b. in der Reihe der Koexistenz – Raum;
   c. in dem Verhältnisse der Kräfte des Objekts gegen die Kräfte des übrigen Universums – Qualität.
Jedes Wirkliche ist ein bestimmter Teil des Unendlichen – nach Zeit, Raum und Realität.
Realität ist, was die Zeit und den Raum ausfüllt – gleichsam der Stoff der Form. – Hier ist mir noch zu vieles dunkel, und ich breche ab. Auf diesem Wege aber werde ich weiter vorwärtszukommen suchen.
Der Unterschied des Positiven und Negativen – des Beharrlichen in der Verbindung und des Trennenden, muß deutlich auseinandergesetzt werden. Gelingt dies, so gibt es vielleicht eine ebenso evidente Auflösung gewisser ästhetischer Probleme als der mathematischen. –
[...]   K.

Jena, den 18. Febr. 93

Ich sehe aus Deinem Briefe, den ich eben erhalte, daß ich eigentlich nur Mißverständnisse, keine eigentlichen Zweifel gegen meine Erklärung der Schönheit bei Dir zu heben habe, und die bloße Fortsetzung meiner Theo-

rie wird uns darüber wahrscheinlich in Einverständnis bringen. Vorläufig bemerke ich nur:
1) daß mein Prinzip der Schönheit bis jetzt freilich nur subjektiv ist, weil ich bisher ja nur aus der Vernunft selbst herausargumentierte und mich auf die Objekte noch gar nicht einließ. Aber es ist nicht *mehr* subjektiv, als alles, was aus der Vernunft a priori abgeleitet wird. Daß in den Objekten selbst etwas angetroffen werden muß, was die Anwendung dieses Prinzips darauf möglich macht, versteht sich von selbst, sowie auch dies, daß *mir* obliegt, es anzugeben. Aber daß dieses Etwas (nämlich das durch sich selbst Bestimmtsein in den Dingen) von der Vernunft bemerkt, und zwar beifällig bemerkt wird, dieses kann der Natur der Sache nach nur aus dem Wesen der Vernunft und insofern also nur subjektiv dargetan werden. Ich hoffe aber, hinreichend zu beweisen, daß die Schönheit eine objektive Eigenschaft ist.
2) muß ich anmerken, daß ich *einen Begriff von der Schönheit zu geben* und durch den *Begriff der Schönheit gerührt zu werden* für zwei ganz verschiedene Dinge halte. Daß sich ein Begriff von der Schönheit geben lasse, kann mir gar nicht einfallen zu leugnen, weil ich selbst einen davon gebe; aber das leugne ich mit Kant, daß die Schönheit durch diesen Begriff gefalle. Durch einen Begriff gefallen setzt die Präexistenz des Begriffs vor dem Gefühl der Lust im Gemüte voraus, wie bei der Vollkommenheit, Wahrheit, Moralität immer der Fall ist; obgleich bei diesen drei Objekten nicht mit gleich deutlichem Bewußtsein. Aber daß unsrer Lust an der Schönheit kein solcher Begriff präexistiere, erhellt unter andern schon daraus, weil wir ihn jetzt noch immer suchen.
3) sagst Du, daß die Schönheit nicht aus der Sittlichkeit, sondern beide aus einem gemeinschaftlichen höhern Prinzip zu deduzieren seien. Diesen Einwurf habe

ich nach meinen neulichen Prämissen gar nicht mehr erwartet, denn ich bin so weit entfernt, die Schönheit von der Sittlichkeit abzuleiten, daß ich sie vielmehr damit beinahe unverträglich halte. Sittlichkeit ist Bestimmung durch reine Vernunft, Schönheit, als eine Eigenschaft der *Erscheinungen*, ist Bestimmung durch reine Natur. Bestimmung durch Vernunft, an einer Erscheinung wahrgenommen, ist vielmehr Aufhebung der Schönheit; denn die Vernunftbestimmung ist an einem Produkt, das erscheint, wahre Heteronomie.

Das höhere Prinzip, das Du verlangst, ist gefunden und unwidersprechlich dargetan. Auch begreift es, wie Du von demselben foderst, Schönheit und Sittlichkeit unter sich. Dieses Prinzip ist kein anderes, als Existenz aus bloßer Form. Ich kann mich jetzt bei der Erörterung desselben nicht aufhalten, die ohnehin aus dem Verfolg meiner Theorie reichlich erhellen wird. Nur das merke ich noch an, daß Du Dich durchaus von allen Nebenideen, womit die bisherigen Religionärs in der Moralphilosophie oder die armen Stümper, die in die Kantische Philosophie hineinpfuschten, den Begriff der Sittlichkeit entstellten, losreißen mußt – denn alsdann wirst Du völlig überzeugt werden, daß alle Deine Ideen, so wie ich sie aus Deinen bisherigen Äußerungen ahnen kann, mit dem Kantischen Grund der Moral in einer größern Übereinstimmung stehen, als Du jetzt selbst vielleicht nicht ahndest. Es ist gewiß von keinem sterblichen Menschen kein größeres Wort noch gesprochen worden als dieses Kantische, was zugleich der Inhalt seiner ganzen Philosophie ist: Bestimme Dich aus Dir selbst; sowie das in der theoretischen Philosophie: Die Natur steht unter dem Verstandesgesetze. Diese große Idee der Selbstbestimmung strahlt uns aus gewissen Erscheinungen der Natur zurück, und diese nennen wir *Schönheit*.

Indessen verlasse ich mich auf meine gute Sache und

fahre deswegen in der angefangenen Entwicklung fort, von der ich wünsche, daß Du sie nur mit halb so viel Interesse anhören mögest, als es mir macht, mich darüber gegen Dich zu expektorieren.

Es gibt also eine solche Ansicht der Natur oder der Erscheinungen, wo wir von ihnen nichts weiter als Freiheit verlangen, wo wir bloß darauf sehen, ob sie das, was sie sind, durch sich selbst sind. Eine solche Art der Beurteilung ist bloß wichtig und möglich durch die praktische Vernunft, weil der Freiheitsbegriff sich in der theoretischen gar nicht findet und nur bei der prakt(ischen) Vernunft Autonomie über alles geht. Die prakt(ische) Vernunft, auf freie Handlungen angewendet, verlangt, daß die Handlung bloß um der Handlungsweise (Form) willen geschehe und daß weder Stoff noch Zweck (der immer auch Stoff ist) darauf Einfluß gehabt habe. Zeigt sich nun ein Objekt in der Sinnenwelt bloß durch sich selbst bestimmt, stellt es sich den Sinnen so dar, daß man an ihm keinen Einfluß des Stoffes oder eines Zweckes bemerkt: so wird es als ein *Analogon* der reinen Willensbestimmung (ja nicht als Produkt einer Willensbestimmung) beurteilt. Weil nun ein Wille, der sich nach bloßer Form bestimmen kann, *frei* heißt, so ist diejenige Form in der Sinnenwelt, die bloß durch sich selbst bestimmt erscheint, eine *Darstellung der Freiheit*; denn dargestellt heißt eine Idee, die mit einer Anschauung so verbunden wird, daß beide *eine* Erkenntnisregel miteinander teilen.

Die Freiheit in der Erscheinung ist also nichts anderes als die Selbstbestimmung an einem Dinge, insofern sie sich in der Anschauung offenbart. Man setzt ihr jede Bestimmung von außen entgegen, ebenso wie man einer moralischen Handlungsart jede Bestimmung durch materielle Gründe entgegensetzt. Ein Objekt erscheint aber gleich wenig frei – es mag nun seine Form entweder von einer physischen Gewalt oder von einem verständigen Zwecke erhalten haben – sobald man den Bestimmungsgrund s(einer) Form in einem von diesen beiden *entdeckt*; denn alsdann liegt ja derselbe nicht *in ihm*, sondern außer ihm, und es ist ebenso wenig *schön*, als eine *Handlung aus Zwecken* eine moralische ist.

Wenn das Geschmacksurteil völlig rein ist, so muß ganz und gar davon abstrahiert werden, was für einen (theoretischen oder praktischen) Wert das schöne Objekt für sich selbst habe, aus welchem Stoff es gebildet und zu welchem Zweck es vorhanden sei. Mag es sein, was es will! Sobald wir es ästhetisch beurteilen, so wollen wir bloß wissen, ob es das, was es ist, durch sich selbst sei. Wir fragen so wenig nach einer logischen Beschaffenheit desselben, daß wir ihm vielmehr »die Unabhängigkeit von Zwecken und Regeln zum höchsten Vorzug anrechnen«. – Nicht zwar, als ob Zweckmäßigkeit und Regelmäßigkeit an sich mit der Schönheit unverträglich wären; jedes schöne Produkt muß sich vielmehr Regeln unterwerfen: sondern darum, weil der *bemerkte* Einfluß eines Zwecks und einer Regel sich als Zwang ankündigt und Heteronomie für das Objekt bei sich führt. Das schöne Produkt darf und muß sogar regelmäßig sein, aber es muß *regelfrei erscheinen*.

Nun ist aber kein Gegenstand in der Natur und noch viel weniger in der Kunst zweck- und regelfrei, *keiner durch sich selbst bestimmt*, sobald wir über ihn nachdenken. Jeder ist durch einen andern da, jeder um eines andern willen da, keiner hat Autonomie. Das einzige existierende Ding, das sich selbst bestimmt und um seiner selbst willen ist, muß man außerhalb der Erscheinungen in der intelligibeln Welt aufsuchen. Schönheit aber wohnt nur im Feld der Erscheinungen, und es ist also gar keine Hoffnung da, vermittelst der bloßen theoretischen Vernunft und auf dem Wege des Nachdenkens auf eine Freiheit in der Sinnenwelt zu stoßen.

Aber alles wird anders, wenn man die theoretische Untersuchung hinwegläßt und die Objekte bloß nimmt, *wie sie erscheinen*. Eine Regel, ein Zweck kann nie *erscheinen*, denn es sind Begriffe und keine Anschauungen. Der Realgrund der Möglichkeit eines Objekts fällt also nie in die Sinne, und er ist so gut als gar nicht vorhanden, »sobald der Verstand nicht zu Aufsuchung desselben veranlaßt wird«. Es kommt also hier lediglich auf das völlige Abstrahieren von einem Bestimmungsgrunde an, um ein Objekt in der Erscheinung als frei zu beurteilen (denn das nicht von außen Bestimmtsein ist eine negative Vorstellung des durch sich selbst Bestimmtseins, und zwar die einzig mögliche Vorstellung desselben, weil man die Freiheit nur denken und nie erkennen kann – und selbst der Moralphilosoph muß sich mit dieser negativen Vorstellung der Freiheit behelfen). Eine Form erscheint also frei, sobald wir den Grund derselben weder außer ihr finden *noch außer ihr zu suchen veranlaßt werden*. Denn würde der Verstand veranlaßt, nach dem Grund derselben zu fragen, so würde er diesen Grund *notwendig* außer dem Dinge finden müssen; weil es entweder durch einen *Begriff* oder durch einen Zufall bestimmt sein muß, beides aber sich gegen das Objekt als Heteronomie verhält. Man wird also folgendes als einen Grundsatz aufstellen können, daß ein Objekt sich in der Anschauung als frei darstellt, wenn die Form desselben den reflektierenden Verstand nicht zu Aufsuchung eines Grundes nötigt. Schön also heißt eine Form, die sich selbst erklärt; sich selbst erklären heißt aber hier, sich ohne Hilfe eines Begriffes erklären. Ein Triangel erklärt sich selbst, aber nur vermittelst eines Begriffes. Eine Schlangenlinie erklärt sich selbst ohne das Medium eines Begriffs.

Schön, kann man also sagen, ist eine Form, die *keine Erklärung fodert*, oder auch eine solche, die sich *ohne Begriff erklärt*.

Ich denke, einige Deiner Zweifel sollen sich jetzt schon anfangen zu verlieren, wenigstens siehst Du, daß das subjektive Prinzip doch ins objektive hinübergeführt werden kann. Kommen wir aber erst in das Feld der Erfahrungen, so wird Dir ein ganz anderes Licht darüber aufgehen, und Du wirst die Autonomie des Sinnlichen erst alsdann recht begreifen. Aber weiter:
Jede Form also, die wir nur unter Voraussetzung eines Begriffs möglich finden, zeigt Heteronomie in der Erscheinung. Denn jeder Begriff ist etwas Äußeres gegen das Objekt. Eine solche Form ist jede strenge Regelmäßigkeit (worunter die mathematische obenan steht), weil sie uns den Begriff *aufdringt*, aus dem sie entstanden ist; eine solche Form ist jede strenge Zweckmäßigkeit (besonders die des *Nützlichen*, weil dies immer auf etwas anders bezogen wird), weil sie uns die Bestimmung und den Gebrauch des Objekts in Erinnerung bringt, wodurch notwendigerweise die Autonomie in der Erscheinung zerstört wird.
Gesetzt nun, wir führen mit einem Objekt eine moralische Absicht aus, so wird die Form dieses Objekts durch eine Idee der praktischen Vernunft, also nicht durch sich selbst bestimmt sein, also Heteronomie erleiden. Daher kommt es, daß die moralische Zweckmäßigkeit eines Kunstwerks, oder auch einer Handlungsart, zur Schönheit derselben so wenig beiträgt, daß jene vielmehr sehr verborgen werden und aus der Natur des Dinges völlig frei und zwanglos hervorzugehen den Anschein haben muß, wenn diese, die Schönheit, nicht darüber verlorengehen soll. Ein Dichter würde sich also vergebens mit der moralischen Absicht seines Werks entschuldigen, wenn sein Gedicht ohne Schönheit wäre. Das Schöne wird zwar jederzeit auf die praktische Vernunft bezogen, weil Freiheit kein Begriff der theoretischen sein kann – aber bloß der *Form*, nicht der *Materie* nach. Ein moralischer *Zweck* gehört aber zur Materie oder zum Inhalt, und nicht zur blo-

ßen Form. Um diesen Unterschied – an dem Du gestrauchelt zu haben scheinst – noch mehr ins Licht zu setzen, füge ich noch folgendes hinzu. Praktische Vernunft verlangt Selbstbestimmung. Selbstbestimmung des Vernünftigen ist reine Vernunftbestimmung, Moralität; Selbstbestimmung des Sinnlichen ist reine Naturbestimmung, Schönheit. Wird die Form des Nichtvernünftigen durch Vernunft bestimmt (theoretische oder praktische, das gilt hier gleichviel), so erleidet seine reine Naturbestimmung Zwang, also kann Schönheit nicht statthaben. Es ist alsdann ein *Produkt*, kein *Analogon*, eine Wirkung, keine Nachahmung der Vernunft; denn zur Nachahmung eines Dinges gehört, daß das Nachahmende mit dem Nachgeahmten bloß die Form, und nicht den Inhalt, nicht den Stoff gemein habe.

Deswegen wird sich ein moralisches Betragen, wenn es nicht zugleich mit Geschmack verbunden ist, in der Erscheinung immer als Heteronomie darstellen, gerade weil es ein Produkt der Autonomie, des Willens ist. Denn eben darum, weil *Vernunft* und *Sinnlichkeit* einen verschiedenen Willen haben, so wird der Wille der Sinnlichkeit gebrochen, wenn die Vernunft den ihrigen durchsetzt. Nun ist unglücklicherweise der Wille der Sinnlichkeit gerade derjenige, der in die Sinne fällt; gerade also wenn die Vernunft ihre Autonomie ausübt (die nie in der Erscheinung vorkommen kann), so wird unser Auge durch eine Heteronomie in der Erscheinung beleidigt. Indessen wird der Begriff der Schönheit doch auch im uneigentlichen Sinn auf das Moralische angewendet, und diese Anwendung ist nichts weniger als leer. Obgleich Schönheit nur an der Erscheinung haftet, so ist *moralische Schönheit* doch ein Begriff, dem etwas in der Erfahrung korrespondiert. Ich kann Dir keinen besseren Beweis für die Wahrheit meiner Schönheitstheorie aufstellen, als wenn ich Dir zeige, daß selbst der uneigentliche Gebrauch dieses Worts nur in solchen Fällen stattfindet, wo sich Freiheit

in der Erscheinung zeigt. Ich will deswegen, meinem ersten Plane zuwider, in den empirischen Teil meiner Theorie vorausspringen und Dir zur Erholung eine Geschichte erzählen.
»Ein Mensch ist unter Räuber gefallen, die ihn nackend ausgezogen und bei einer strengen Kälte auf die Straße geworfen haben.
Ein Reisender kommt an ihm vorbei; dem klagt er seinen Zustand und fleht ihn um Hilfe. Ich leide mit dir, ruft dieser gerührt aus, und gern will ich dir geben, was ich habe. Nur fodere keine andern Dienste, denn dein Anblick greift mich an. Dort kommen Menschen, gib ihnen diese Geldbörse, und sie werden dir Hilfe schaffen. – Gut gemeint, sagte der Verwundete, aber man muß auch das Leiden *sehen* können, wenn die Menschenpflicht es fodert. Der Griff in deinen Beutel ist nicht halb so viel wert als eine kleine Gewalt über deine weichlichen Sinne.«
Was war diese Handlung? Weder nützlich noch moralisch, noch großmütig, noch schön. Sie war bloß passioniert, gutherzig aus Affekt.
»Ein zweiter Reisender erscheint, der Verwundete erneuert seine Bitte. Diesem zweiten ist sein Geld lieb, und doch möchte er gern seine Menschenpflicht erfüllen. Ich versäume den Gewinn eines Guldens, sagte er, wenn ich die Zeit mit dir verliere. Willst du mir soviel, als ich versäume, von deinem Gelde geben, so lade ich dich auf meine Schultern und bringe dich in einem Kloster unter, das nur eine Stunde von hier entfernt liegt. – Eine kluge Auskunft, versetzt der andere. Aber man muß bekennen, daß deine Dienstfertigkeit dir nicht hoch zu stehen kommt. Ich sehe dort einen Reiter kommen, der mir die Hilfe umsonst leisten wird, die dir nur um einen Gulden feil ist.«
Was war nun diese Handlung? Weder gutherzig noch pflichtmäßig, noch großmütig, noch schön. Sie war bloß nützlich.

»Der dritte Reisende steht bei dem Verwundeten still und läßt sich die Erzählung seines Unglücks wiederholen. Nachdenkend und mit sich selbst kämpfend, steht er da, nachdem der andere ausgeredet hat. Es wird mir schwer werden, sagt er endlich, mich von dem Mantel zu trennen, der meinem kranken Körper der einzige Schutz ist, und dir mein Pferd zu überlassen, da meine Kräfte erschöpft sind. Aber die Pflicht gebietet mir, dir zu dienen. Besteige also mein Pferd und hülle dich in meinen Mantel, so will ich dich hinführen, wo dir geholfen werden kann. – Dank dir, braver Mann, für deine redliche Meinung, erwidert jener, aber du sollst, da du selbst bedürftig bist, um meinetwillen kein Ungemach leiden. Dort sehe ich zwei starke Männer kommen, die mir den Dienst werden leisten können, der dir sauer wird.«

Diese Handlung war *rein* (aber auch nicht mehr als) *moralisch*, weil sie gegen das Interesse der Sinne, aus Achtung fürs Gesetz unternommen wurde.

»Jetzt nähern sich die zwei Männer dem Verwundeten und fangen an, ihn um sein Unglück zu befragen. Kaum eröffnet er den Mund, so rufen beide mit Erstaunen: Er ist's! Es ist der nämliche, den wir suchen. Jener erkennt sie und erschrickt. Es entdeckt sich, daß beide ihren abgesagten Feind und den Urheber ihres Unglücks in ihm erkennen und dem sie nachgereist sind, um eine blutige Rache an ihm zu nehmen. Befriedigt jetzt euren Haß und eure Rache, fängt jener an, der Tod und nicht die Hilfe ist es, was ich von euch erwarten kann. – Nein, erwidert einer von ihnen, damit du siehst, wer *wir* sind, und wer *du* bist, so nimm diese Kleider und bedecke dich. Wir wollen dich zwischen uns in die Mitte nehmen und dich hinbringen, wo dir geholfen werden kann. – Großmütiger Feind, ruft der Verwundete voll Rührung, du beschämst mich, du entwaffnest meinen Haß. Komm jetzt, umarme mich und mache deine Wohltat vollkommen durch eine herzliche

Vergebung. – Mäßige dich, Freund, erwidert der andere frostig. Nicht weil ich dir verzeihe, will ich dir helfen, sondern weil du elend bist. – So nimm auch deine Kleidung zurück, ruft der Unglückliche, indem er sie von sich wirft. Werde aus mir, was da will. Eher will ich elendiglich umkommen, als einem stolzen Feind meine Rettung verdanken.
Indem er aufsteht und den Versuch macht, sich wegzubegeben, nähert sich ein fünfter Wanderer, der eine schwere Last auf dem Rücken trägt. Ich bin so oft getäuscht worden, denkt der Verwundete, und der sieht mir nicht so aus wie einer, der mir helfen wollte; ich will ihn vorübergehen lassen. Sobald der Wanderer ihn ansichtig wird, legt er seine Bürde nieder. Ich sehe, fängt er aus eigenem Antriebe an, daß du verwundet bist und deine Kräfte dich verlassen. Das nächste Dorf ist noch fern, und du wirst dich verbluten, ehe du davor anlangst. Steige auf meinen Rücken, so will ich mich frisch aufmachen und dich hinbringen. – Aber was wird aus deinem Bündel werden, das du hier auf freier Landstraße liegen lassen mußt? – Das weiß ich nicht, und das bekümmert mich nicht, sagt der Lastträger. Ich weiß aber, daß du Hilfe brauchst und daß ich schuldig bin, sie dir zu geben.«
Herzliche Grüße von uns allen. Besinne Dich unterdessen, warum die Handlung des Lastträgers *schön* ist.

S.

d. 19. Febr. 93

Ich kann noch einige Zeilen zu dem gestrigen Brief beilegen und will Dir die *fabula docet* der erzählten Geschichte nicht länger schuldig bleiben.
Die Schönheit der fünften Handlung muß in demjenigen Zuge liegen, den sie mit keiner der vorhergehenden gemein hat.

Nun haben: 1) alle fünf helfen wollen. 2) Die meisten haben ein zweckmäßiges Mittel dazu erwählt. 3) Mehrere wollten es sich etwas kosten lassen. 4) Einige haben eine *große* Selbstüberwindung dabei bewiesen. Einer darunter hat aus dem reinsten moralischen Antrieb gehandelt. Aber nur der fünfte hat *unaufgefodert* und ohne mit sich zu Rate zu gehen geholfen, obgleich es auf s(eine) Kosten ging. Nur der fünfte hat sich selbst dabei vergessen und »seine Pflicht mit einer Leichtigkeit erfüllt, als wenn bloß der Instinkt aus ihm gehandelt hätte«. – Also wäre eine moralische Handlung alsdann erst eine schöne Handlung, wenn sie aussieht wie eine sich von selbst ergebende Wirkung der Natur. Mit einem Worte: eine freie Handlung ist eine schöne Handlung, wenn die Autonomie des Gemüts und Autonomie in der Erscheinung koinzidieren.

Aus diesem Grunde ist das Maximum der Charaktervollkommenheit eines Menschen moralische Schönheit, denn sie tritt nur alsdann ein, *wenn ihm die Pflicht zur Natur geworden ist*.

Offenbar hat die Gewalt, welche die praktische Vernunft bei moralischen Willensbestimmungen gegen unsere Triebe ausübt, etwas Beleidigendes, etwas Peinliches in der Erscheinung. Wir wollen nun einmal nirgends Zwang sehen, auch nicht, wenn die Vernunft selbst ihn ausübt; auch die Freiheit der Natur wollen wir respektiert wissen, weil wir »jedes Wesen in der ästhetischen Beurteilung als einen Selbstzweck« betrachten und es uns, denen Freiheit das Höchste ist, ekelt (empört), daß etwas dem anderen aufgeopfert werden und zum Mittel dienen soll. Daher kann eine moralische Handlung niemals schön sein, wenn wir der Operation zusehen, wodurch sie der Sinnlichkeit abgeängstigt wird. Unsre sinnliche Natur muß also im Moralischen frei erscheinen, obgleich sie es nicht wirklich ist, und es muß das Ansehen haben, als wenn die Natur bloß den Auftrag unserer Triebe vollführte, indem sie

sich, den Trieben gerade entgegen, unter die Herrschaft des reinen Willens beugt.
Du siehst aus dieser kleinen vorangeschickten Probe, daß meine Schönheitstheorie von der Erfahrung schwerlich zu fürchten haben wird. Ich fodre Dich auf, mir unter allen Schönheitserklärungen, die Kantische miteingerechnet, eine einzige zu nennen, die das uneigentliche Schöne so befriedigend auflöste, als, wie ich hoffe, hier geschehen ist.
[...] S.

Jena, den 23. Febr. 93

Das Resultat meiner bisher geführten Beweise ist dieses: Es gibt eine solche Vorstellungsart der Dinge, wobei von allem übrigen abstrahiert und bloß darauf gesehen wird, ob sie frei, d. i. durch sich selbst bestimmt erscheinen. Diese Vorstellungsart ist notwendig, denn sie fließt aus dem Wesen der Vernunft, die in ihrem praktischen Gebrauche Autonomie der Bestimmungen unnachläßlich fodert.
Daß diejenige Eigenschaft der Dinge, die wir mit dem Namen Schönheit bezeichnen, mit dieser Freiheit in der Erscheinung eins und dasselbe sei, ist noch gar nicht bewiesen; und das soll von jetzt an mein Geschäft sein. Ich habe also zweierlei darzutun: *Erstlich,* daß dasjenige Objektive an den Dingen, wodurch sie in den Stand gesetzt werden, frei zu erscheinen, gerade auch dasjenige sei, welches ihnen, wenn es da ist, Schönheit verleiht, und wenn es fehlt, ihre Schönheit vernichtet, selbst wenn sie im ersten Falle gar keinen und im letzten alle andern Vorzüge besäßen. *Zweitens* habe ich zu beweisen, daß Freiheit in der Erscheinung eine solche Wirkung auf das Gefühlvermögen notwendig mit sich führe, die derjenigen völlig gleich ist, die wir mit der Vorstellung des Schönen verbunden finden. (Zwar

dürfte es ein vergebliches Unterfangen sein, dieses letzte a priori zu beweisen, da nur Erfahrung lehren kann, ob wir bei einer Vorstellung etwas fühlen sollen und was wir dabei fühlen sollen. Denn freilich läßt sich weder aus dem Begriff der Freiheit noch aus dem der Erscheinung ein solches Gefühl analytisch herausziehen, und eine Synthesis a priori ist es ebensowenig; man ist also hierin durchaus auf empirische Beweise eingeschränkt, und was nur immer durch diese geleistet werden kann, hoffe ich zu leisten: nämlich durch Induktion und auf psychologischem Wege zu erweisen, daß aus dem zusammengesetzten Begriff der Freiheit und der Erscheinung, der mit der Vernunft harmonierenden Sinnlichkeit ein Gefühl der Lust fließen müsse, welches dem Wohlgefallen gleich ist, das die Vorstellung der Schönheit zu begleiten pflegt.) Übrigens werde ich zu diesem Teil der Untersuchung so bald noch nicht kommen, da die Ausführung des erstern mehrere Briefe ausfüllen dürfte.

I

Freiheit in der Erscheinung ist eins mit der Schönheit

Ich habe neulich schon berührt, daß keinem Ding in der Sinnenwelt *Freiheit* wirklich zukomme, sondern bloß scheinbar sei. Aber positiv frei kann es auch nicht einmal *scheinen*, weil dies bloß eine Idee der Vernunft ist, der keine Anschauung adäquat sein kann. Wenn aber die Dinge, insofern sie in der Erscheinung vorkommen, Freiheit weder besitzen noch zeigen, wie kann man einen objektiven Grund dieser Vorstellung in den Erscheinungen suchen? Dieser objektive Grund müßte eine solche Beschaffenheit derselben sein, deren Vorstellung uns schlechterdings *nötigt*, die Idee der Freiheit in uns hervorzubringen und auf das Objekt zu beziehen. Dies ist, was jetzt bewiesen werden muß.

Frei sein und durch sich selbst bestimmt sein, von innen heraus bestimmt sein, ist eins. Jede Bestimmung geschieht entweder von außen oder nicht von außen (von innen); was also nicht von außen bestimmt erscheint, muß als von innen bestimmt vorgestellt werden. »*Sobald also das Bestimmtsein gedacht wird*, so ist das Nichtvonaußenbestimmtsein indirekte zugleich die Vorstellung des Voninnenbestimmtseins oder der Freiheit.«

Wie wird nun dieses Nichtvonaußenbestimmtsein selbst wieder vorgestellt? Hierauf beruht alles; denn wird dieses an einem Gegenstand nicht notwendig vorgestellt, so ist auch gar kein Grund da, das Voninnenbestimmtsein oder die Freiheit vorzustellen. *Notwendig* aber muß die Vorstellung des letztern sein, weil unser Urteil vom Schönen Notwendigkeit enthält und jedermanns Beistimmung *fodert*. Es darf also nicht dem Zufall überlassen sein, ob wir bei der Vorstellung eines Objekts auf seine Freiheit Rücksicht nehmen wollen, sondern die Vorstellung desselben muß auch die Vorstellung des Nichtvonaußenbestimmtseins schlechterdings und notwendig mit sich führen.

Dazu wird nun erfodert, daß uns der Gegenstand selbst durch seine objektive Beschaffenheit einladet oder vielmehr nötigt, auf die Eigenschaft des Nichtvonaußenbestimmtseins an ihm zu merken; weil eine bloße Negation nur dann bemerkt werden kann, *wenn ein Bedürfnis nach ihrem positiven Gegenteile vorausgesetzt wird.*

Ein Bedürfnis nach der Vorstellung des Voninnenbestimmtseins (Bestimmungsgrundes) kann nur durch Vorstellung des *Bestimmtseins* entstehen. Zwar ist alles, was uns vorgestellt werden kann, etwas Bestimmtes, aber nicht alles wird als ein solches vorgestellt; und was nicht vorgestellt wird, ist für uns so gut als gar nicht vorhanden. Etwas muß an dem Gegenstande sein, was ihn aus der unendlichen Reihe des Nichtssagenden und Leeren heraushebt und unsern Erkenntnistrieb reizt; denn das Nichtssagende ist dem Nichts beinahe gleich. Es muß sich als ein *Bestimmtes* darstellen, denn er soll uns auf das *Bestimmende* führen.

Nun ist aber der Verstand das Vermögen, welches den Grund zu der Folge sucht; folglich muß der Verstand ins Spiel gesetzt werden. Der Verstand muß veranlaßt werden, über die Form des Objekts zu reflektieren: über die *Form*, denn der Verstand hat es nur mit der Form zu tun.

Das Objekt muß also eine solche Form besitzen und zeigen, die eine Regel zuläßt: denn der Verstand kann sein Geschäft nur nach Regeln verwalten. Es ist aber nicht nötig, daß der Verstand diese Regel *erkennt* (denn Erkenntnis der Regel würde allen Schein der Freiheit zerstören, wie bei jeder strengen Regelmäßigkeit wirklich der Fall ist), es ist genug, daß der Verstand auf eine Regel – unbestimmt welche – geleitet wird.

(Man darf nur ein einzelnes Baumblatt betrachten, so dringt sich einem sogleich die Unmöglichkeit auf, daß sich das Mannigfaltige an demselben von ohngefähr und ohne alle Regel so habe ordnen können, wenn man auch gleich von der teleologischen Beurteilung abstrahiert. Die unmittelbare Reflexion über den Anblick desselben lehrt es, ohne daß man nötig hat, diese Regel einzusehen und sich einen Begriff von der Struktur desselben zu bilden.)

Eine Form, welche auf eine Regel deutet (sich nach einer Regel behandeln läßt), heißt kunstmäßig oder *technisch*. Nur die technische Form eines Objekts veranlaßt den Verstand, den Grund zu der Folge zu suchen und das Bestimmende zu dem Bestimmten; und insofern also eine solche Form ein Bedürfnis erweckt, nach einem Grund der Bestimmung zu fragen, so führt hier die Negation des *Vonaußenbestimmtseins* ganz notwendig auf die Vorstellung des *Voninnenbestimmtseins* oder der Freiheit.

Freiheit kann also nur mit Hilfe der Technik sinnlich *dargestellt* werden, so wie Freiheit des Willens nur mit Hilfe der Kausalität, und materiellen Willensbestimmungen gegenüber, gedacht werden kann. Mit andern Worten: der negative Begriff der Freiheit ist nur durch den positiven Begriff seines Gegenteils denkbar; und so wie die Vorstellung der Naturkausalität nötig ist, um uns auf die Vorstellung der Willensfreiheit zu leiten, so ist eine Vorstellung von Technik nötig, um uns im Reich der Erscheinungen auf Freiheit zu leiten.

Hieraus ergibt sich nun eine zweite Grundbedingung des Schönen, ohne welche die erste bloß ein leerer Begriff sein würde. Freiheit in der Erscheinung ist zwar der Grund der Schönheit, aber *Technik* ist die notwendige Bedingung unserer *Vorstellung* von der Freiheit.

Man könnte dieses auch so ausdrücken:

Der Grund der Schönheit ist überall Freiheit in der Erscheinung. Der Grund unserer Vorstellung von Schönheit ist Technik in der Freiheit.

Vereinigt man beide Grundbedingungen der Schönheit und der Vorstellung der Schönheit, so ergibt sich daraus folgende Erklärung:

Schönheit ist Natur in der Kunstmäßigkeit.

Ehe ich aber von dieser Erklärung einen sichern und philosophischen Gebrauch machen kann, muß ich erst den Begriff *Natur* bestimmen und vor jeder Mißdeutung sicherstellen. Der Ausdruck *Natur* ist mir darum lieber als *Freiheit*, weil er zugleich das Feld des Sinnlichen bezeichnet, worauf das Schöne sich einschränkt, und neben dem Begriffe der *Freiheit* auch sogleich ihre Sphäre in der Sinnenwelt andeutet. Der Technik gegenübergestellt, ist *Natur*, was durch sich selbst ist; *Kunst* ist, was durch eine Regel ist; *Natur in der Kunstmäßigkeit*, was sich selber die Regel gibt – was durch seine

eigene Regel ist. (Freiheit in der Regel, Regel in der Freiheit.)
Wenn ich sage: *die Natur des Dinges, das Ding folgt seiner Natur, es bestimmt sich durch seine Natur*, so setze ich darin die Natur allem demjenigen entgegen, was von dem Objekte verschieden ist, was bloß als zufällig an demselben betrachtet wird und hinweggedacht werden kann, ohne zugleich sein Wesen aufzuheben. Es ist gleichsam die Person des Dings, wodurch es von allen andern Dingen, die nicht seiner Art sind, unterschieden wird. Daher werden diejenigen Eigenschaften, welche ein Objekt mit allen andern gemein hat, nicht eigentlich zu seiner Natur gerechnet, ob es gleich diese Eigenschaften nicht ablegen kann, ohne daß es aufhörte zu existieren. Bloß dasjenige wird durch den Ausdruck *Natur* bezeichnet, wodurch es das bestimmte Ding wird, was es ist. Alle Körper z. B. sind schwer; aber zur *Natur* eines körperlichen Dings gehören nur diejenigen Wirkungen der Schwere, welche aus seiner speziellen Beschaffenheit resultieren. Sobald die Schwerkraft an einem Dinge, für sich selbst und unabhängig von seiner speziellen Beschaffenheit, *bloß als allgemeine Naturkraft* wirkt, so wird sie als eine fremde Gewalt angesehen, und ihre Wirkungen verhalten sich als Heteronomie gegen die Natur des Dinges. Ein Beispiel mag dies ins Licht setzen. Eine Vase ist, als Körper betrachtet, der Schwerkraft unterworfen; aber die Wirkungen der Schwerkraft müssen, wenn sie *die Natur einer Vase* nicht verleugnen soll, durch die Form der Vase modifiziert, d. i. besonders bestimmt und durch diese spezielle Form notwendig gemacht worden sein. Jede Wirkung der Schwerkraft an einer Vase aber ist zufällig, welche unbeschadet ihrer Form als Vase kann hinweggenommen werden. Alsdann wirkt die Schwerkraft gleichsam außerhalb der Ökonomie, außerhalb der Natur des Dinges, und erscheint sogleich als eine fremde Gewalt. Dies geschieht,

wenn die Vase in einen weiten und breiten Bauch sich *endigt,* weil es da aussieht, als ob die Schwere der Länge genommen hätte, was sie der Breite gegeben, kurz als ob die Schwerkraft über die Form, nicht die Form über die Schwerkraft geherrscht hätte.

Ebenso ist es mit Bewegungen. Eine Bewegung gehört zur *Natur* des Dinges, wenn sie aus der speziellen Beschaffenheit oder aus der Form des Dinges notwendig fließt. Eine Bewegung aber, welche dem Dinge unabhängig von seiner speziellen Form, durch das allgemeine Gesetz der Schwere vorgeschrieben wird, liegt außerhalb der Natur desselben und zeigt Heteronomie. Man stelle ein schweres Wagenpferd neben einen leichten spanischen Zelter. Die Last, welche jenes zu ziehen gewöhnt worden ist, hat seinen Bewegungen die Natürlichkeit genommen, daß es, auch ohne einen Wagen hinter sich herzuschleppen, ebenso mühsam und schwerfällig einhertrabt, als wenn es einen zu ziehen hätte. Seine Bewegungen entspringen nicht mehr aus seiner speziellen Natur, sondern verraten die geschleppte Last des Wagens. Der leichte Zelter hingegen ist nie gewöhnt worden, eine größere Kraft anzuwenden, als er auch in seiner größten Freiheit zu äußern sich angetrieben fühlt. Jede seiner Bewegungen ist also eine Wirkung seiner sich selbst überlassenen Natur. Daher bewegt er sich so leicht, als wenn er gar keine Last wäre, über dieselbe Fläche hinweg, die das Kutschpferd mit bleischweren Füßen tritt. »Man wird bei ihm gar nicht daran erinnert, daß er ein *Körper* ist, so sehr hat die spezielle Pferdeform die allgemeine Körpernatur, die der Schwere gehorchen muß, überwunden.« Hingegen macht die Schwerfälligkeit der Bewegung das Kutschpferd augenblicklich in unserer Vorstellung zur Masse, und die *eigentümliche* Natur des Rosses wird in demselben von *der allgemeinen Körpernatur* unterdrückt.

Wenn man einen flüchtigen Blick durch das Tierreich

wirft, so findet man, daß die Schönheit der Tiere in demselben Verhältnis abnimmt, als sie sich der *Masse* nähern und bloß der Schwerkraft zu dienen scheinen. Die Natur eines Tieres (in der ästhetischen Bedeutung dieses Worts) äußert sich entweder in seinen Bewegungen oder in seinen Formen, und beide werden eingeschränkt durch die *Masse*. Hat die Masse Einfluß gehabt auf die Form, so nennen wir diese *plump*; hat die Masse Einfluß gehabt auf die Bewegung, so heißt diese *unbehülflich*. Im Bau des Elefanten, des Bären, des Stiers usf. ist es die Masse, welche an der Form sowohl als an der Bewegung dieser Tiere einen sichtbaren Anteil hat. Die Masse aber muß jederzeit der Schwerkraft gehorchen, die sich gegen die *eigene* Natur des organischen Körpers als eine fremde Potenz verhält.

Dagegen nehmen wir überall Schönheit wahr, *wo die Masse von der Form* und (im Tier- und Pflanzenreich) von den lebendigen Kräften (in die ich die Autonomie des Organischen setze) *völlig beherrscht* wird.

Die Masse eines Pferdes ist bekanntlich von ungleich größerem Gewicht als die Masse einer Ente oder eines Krebses; nichtsdestoweniger ist die Ente schwer und das Pferd leicht; bloß weil sich die lebendigen Kräfte zur Masse bei beiden ganz verschieden verhalten. Dort ist es der Stoff, der die Kraft beherrscht; hier ist die Kraft Herr über den Stoff.

Unter den Tiergattungen ist das Vogelgeschlecht der beste Beleg meines Satzes. Ein Vogel im Flug ist die glücklichste Darstellung des durch die Form bezwungenen Stoffes, der durch die Kraft überwundenen Schwere. Es ist nicht unwichtig zu bemerken, daß die Fähigkeit, über die Schwere zu siegen, oft zum Symbol der Freiheit gebraucht wird. Wir drücken die Freiheit der Phantasie aus, indem wir ihm Flügel geben; wir lassen Psyche mit Schmetterlingsflügeln sich über das Irdische erheben, wenn wir ihre Freiheit von den Fesseln des Stoffs bezeichnen wollen. Offenbar ist die

Schwerkraft eine Fessel für jedes Organische, und ein Sieg über dieselbe gibt daher kein unschickliches Sinnbild der Freiheit ab. Nun gibt es aber keine treffendere Darstellung der besiegten Schwere als ein geflügeltes Tier, das sich aus innrem Leben (Autonomie des Organischen) der Schwerkraft direkte entgegen bestimmt. Die Schwerkraft verhält sich ohngefähr ebenso gegen die lebendige Kraft des Vogels, wie sich – bei reinen Willensbestimmungen – *die Neigung* zu der gesetzgebenden Vernunft verhält.

Ich widerstehe der Versuchung, Dir an der menschlichen Schönheit die Wahrheit meiner Behauptungen noch anschaulicher zu machen; dieser Materie gebührt ein eigener Brief. Du ersiehst nun aus dem bisher Gesagten, was ich zum Begriff der Natur (in ästhetischer Bedeutung) rechne und davon ausgeschlossen wissen will.

Natur an einem technischen Dinge, inwiefern wir sie dem Nichttechnischen entgegensetzen, ist seine technische Form selbst, gegen welches alles andere, was nicht zu dieser technischen Ökonomie gehört, als etwas Auswärtiges, und wenn es darauf Einfluß gehabt hat, als Heteronomie und als Gewalt betrachtet wird. Aber es ist damit noch nicht genug, daß ein Ding nur durch seine Technik bestimmt erscheine – rein technisch sei; denn das ist auch jede streng mathematische Figur, ohne deswegen schön zu sein. Die Technik selbst muß wieder durch die Natur des Dinges bestimmt erscheinen, welches man den freiwilligen Konsens des Dings zu seiner Technik nennen könnte. Hier wird also die Natur des Dings von seiner Technik wieder unterschieden, da sie doch kurz vorher für identisch mit derselben erklärt wurde. Aber der Widerspruch ist nur scheinbar. Gegen äußere Bestimmungen verhält sich die technische Form des Dinges als Natur; aber gegen das innere Wesen des Dings kann sich die technische Form wieder als etwas Äußres und Fremdes verhalten. Z. B. es ist die Natur eines Zirkels, daß er eine Linie sei, die in jedem Punkt ihrer Richtung von einem gegebenen Punkt gleichweit absteht. Schneidet nun ein Gärtner einen Baum zu einer Zirkelfigur aus, so fodert die Natur des Zirkels, daß er vollkommen rund geschnitten sei. Sobald also eine Zirkelfigur an dem Baume *angekündigt* wird, so muß sie erfüllt werden, und es beleidigt unser Auge, wenn dagegen gesündigt wird. Aber was die Natur des Zirkels fodert, das widerstreitet der Natur des Baums, und weil wir nicht umhin können, dem Baume seine eigene Natur, seine Persönlichkeit zuzugestehen, so verdrießt uns diese Gewalttätigkeit, und es gefällt uns, wenn er die ihm aufgedrungene Technik aus innerer Freiheit vernichtet. Die Technik ist also überall etwas Fremdes, wo sie nicht aus dem Dinge selbst entsteht, nicht mit der ganzen Existenz desselben eins ist, nicht von innen heraus, sondern von außen hineinkommt, nicht dem Dinge notwendig und angeboren, sondern ihm gegeben und also zufällig ist.

Noch ein Beispiel wird uns vollkommen verständigen. Wenn der Mechanikus ein musikalisches Instrument verfertigt, so kann es noch so rein technisch sein, ohne auf Schönheit Anspruch zu machen. Es ist rein technisch, wenn alles an demselben Form ist, wenn überall nur der Begriff und nirgends der Stoff oder der Mangel von seiten des Künstlers seine Form bestimmt. Auch kann man von diesem Instrumente sagen, es habe Autonomie; sobald man nämlich das αὐτὸν in den Gedanken setzt, der hier völlig und rein gesetzgebend war und den Stoff übermeisterte. Setzt man aber das αὐτὸν des Instruments in dasjenige, was an ihm Natur ist und wodurch es existiert, so verändert sich das Urteil. Seine technische Form wird als etwas von ihm Verschiedenes, von seiner *Existenz* Unabhängiges und Zufälliges erkannt und als eine äußere Gewalt betrachtet. Es entdeckt sich, daß diese technische Form etwas Auswärtiges ist, daß sie ihm durch den Verstand des Künstlers gewalttätig aufgedrungen worden. Ob also gleich die technische Form des Instruments, wie wir angenommen haben, reine Autonomie *enthält* und *äußert, so ist* sie selbst doch Heteronomie gegen das Ding, an dem sie sich findet. Ob sie gleich keinen Zwang, weder von seiten des Stoffs noch des Künstlers, *erleidet, so übt* sie ihn doch gegen die eigene Natur des Dinges aus – sobald wir dieses als ein Naturding betrachten, welches einem *logischen Ding* (einem Begriffe) zu dienen genötigt wird.

Was wäre also Natur in dieser Bedeutung? Das innere Prinzip der Existenz an einem Dinge, zugleich als der Grund seiner Form betrachtet; *die innere Notwendigkeit der Form.* Die Form muß im eigentlichsten Sinne zugleich selbstbestimmend und selbstbestimmt sein; nicht bloße Autonomie, sondern Heautonomie muß da sein. Aber, wirst Du hier einwenden, wenn die Form mit der Existenz des Dinges zusammen eins ausmachen muß, um Schönheit hervorzubringen, wo bleiben die Schönheiten der Kunst, welche diese Heautonomie niemals haben können? Ich will Dir darauf antworten, wann wir erst zu dem Schönen der Kunst gekommen sind; denn dieses erfodert ein ganz eignes Kapitel. Nur so viel kann ich Dir im voraus sagen: daß diese Foderung von der Kunst nicht darf abgewiesen werden und daß auch die Formen der Kunst mit der Existenz des Geformten Eins ausmachen müssen, wenn sie auf die höchste Schönheit Anspruch machen sollen; und da sie dieses in der Wirklichkeit nicht können, weil die menschliche Form an einem Marmor immer zufällig bleibt, so müssen sie wenigstens so erscheinen.

Was ist also Natur in der Kunstmäßigkeit? Autonomie in der Technik? Sie ist die reine Zusammenstimmung des innern Wesens mit der Form, *eine Regel, die von dem Dinge selbst zugleich befolgt und gegeben ist.* (Aus diesem Grunde ist in der Sinnenwelt nur das Schöne ein Symbol des in sich Vollendeten oder des Vollkommenen, weil es nicht wie das Zweckmäßige auf etwas

außer sich braucht bezogen zu werden, sondern sich selbst zugleich gebietet und gehorcht und sein eigenes Gesetz vollbringt.)
Ich hoffe Dich nunmehr in den Stand gesetzt zu haben, mir ungehindert zu folgen, wenn ich von Natur, von Selbstbestimmung, von Autonomie und Heautonomie, von Freiheit und von Kunstmäßigkeit spreche. Du wirst auch mit mir darüber einig sein, daß diese Natur und diese Heautonomie objektive Beschaffenheiten der Gegenstände sind, denen ich sie zuschreibe; denn sie bleiben ihnen, auch wenn das vorstellende Subjekt ganz hinweggedacht wird. Der Unterschied zwischen zwei Naturwesen, worunter das eine ganz Form ist und die vollkommene Herrschaft der lebendigen Kraft über die Masse zeigt, das andre aber von seiner Masse unterjocht worden ist, bleibt übrig, auch nach völliger Hinwegdenkung des beurteilenden Subjekts. Ebenso ist der Unterschied zwischen einer Technik durch Verstand und einer Technik durch Natur (wie bei allem Organischen) gänzlich unabhängig von der Existenz des vernünftigen Subjekts. Er ist also objektiv, und also ist es auch der Begriff von einer Natur in der Technik, der sich darauf gründet.
Freilich ist die Vernunft nötig, um von dieser objektiven Eigenschaft der Dinge gerade einen solchen Gebrauch zu machen, wie bei dem Schönen der Fall ist. Aber dieser subjektive Gebrauch hebt die Objektivität des Grundes nicht auf, denn auch mit dem Vollkommenen, mit dem Guten, mit dem Nützlichen hat es dieselbe Bewandtnis, ohne daß darum die Objektivität dieser Prädikate weniger gegründet wäre. »Freilich wird der Begriff der Freiheit selbst, oder das *Positive*, von der Vernunft erst in das Objekt hineingelegt, indem sie dasselbe unter der Form des Willens betrachtet; aber das *Negative* dieses Begriffs gibt die Vernunft dem Objekte nicht, sondern sie findet es in demselben schon vor. Der *Grund* der dem Objekte zugesprochenen

Freiheit liegt also doch in ihm selbst, obgleich die *Freiheit* nur in der Vernunft liegt.«

Kant stellt in seiner Kritik der Urteilskraft (pag. 177) einen Satz auf, der von ungemeiner Fruchtbarkeit ist und der, wie ich denke, erst aus meiner Theorie seine Erklärung erhalten kann. Natur, sagt er, ist schön, wenn sie aussieht wie Kunst; Kunst ist schön, wenn sie aussieht wie Natur. Dieser Satz macht also die Technik zu einem wesentlichen Requisit des Naturschönen und die Freiheit zur wesentlichen Bedingung des Kunstschönen. Da aber das Kunstschöne schon an sich selbst die Idee der Technik, das Naturschöne die Idee der Freiheit mit einschließt, so gesteht also Kant selbst ein, daß Schönheit nichts anders als Natur in der Technik, Freiheit in der Kunstmäßigkeit sei.

Wir müssen *erstlich* wissen, daß das schöne Ding ein Naturding ist, d. i., daß es durch sich selbst ist; *zweitens* muß es uns vorkommen, als ob es durch eine Regel wäre, denn er sagt ja, es muß aussehen wie Kunst. Beide Vorstellungen: *es ist durch sich selbst* und *es ist durch eine Regel*, lassen sich aber nur auf eine einzige Art vereinigen, nämlich, wenn man sagt: *es ist durch eine Regel, die es sich selbst gegeben hat*. Autonomie in der Technik, Freiheit in der Kunstmäßigkeit.

Es könnte aus dem Bisherigen scheinen, als ob *Freiheit* und *Kunstmäßigkeit* einen völlig gleichen Anspruch auf das Wohlgefallen hätten, das uns die Schönheit einflößt; als ob die *Technik* mit der Freiheit in gleicher Reihe stünde, und da hätte ich freilich sehr unrecht, daß ich in meiner Erklärung vom Schönen (Autonomie in der Erscheinung) bloß auf die Freiheit Rücksicht nahm und der Technik gar nicht erwähnte. Aber meine Definition ist sehr genau abgewogen worden: Technik und Freiheit haben nicht dasselbe Verhältnis zum Schönen. *Freiheit* allein ist der Grund des Schönen, Technik ist nur der Grund unserer Vorstellung von der Freiheit, jene also der unmittelbare Grund, diese nur mittelbar die Bedingung der Schönheit. Technik nämlich trägt nur insofern zur Schönheit bei, als sie dazu dient, die Vorstellung der Freiheit zu erregen.

Vielleicht kann ich diesen Satz – der übrigens aus dem Vorhergehenden schon ziemlich klar ist – noch auf folgendem Wege erläutern.

Bei dem Naturschönen sehen wir mit unsern Augen, daß es durch sich selbst ist; daß es durch eine Regel sei, sagt uns nicht der Sinn, sondern der Verstand. Nun verhält sich aber die Regel zur Natur wie Zwang zur Freiheit. Da wir uns nun die Regel bloß *denken*, die Natur aber *sehen*, so denken wir uns Zwang und sehen Freiheit. Der Verstand erwartet und fodert eine Regel, der Sinn lehrt, daß das Ding durch sich selbst und durch keine Regel ist. Läge uns nun an der Technik, so müßte uns die fehlgeschlagene Erwartung verdrießen, die uns doch vielmehr Vergnügen macht. Also muß uns an der Freiheit und nicht an der Technik liegen. Wir hätten Ursache, aus der Form des Dinges auf einen logischen Ursprung, also auf Heteronomie zu schließen, und wider Erwartung finden wir Autonomie. Da wir über diesen Fund froh sind und uns dadurch gleichsam von einer Sorge (die in unserem praktischen Vermögen ihren Sitz hat) erleichtert fühlen, so beweist dieses, daß wir bei der Regelmäßigkeit nicht so viel als bei der Freiheit gewinnen. Es ist bloß ein Bedürfnis unserer theoretischen Vernunft, uns die Form des Dinges als abhängig von einer Regel zu denken; aber daß es durch keine Regel, sondern durch sich selbst ist, ist ein Faktum für unsern Sinn. Wie könnten wir aber einen ästhetischen Wert auf die Technik legen und doch mit Wohlgefallen wahrnehmen, daß ihr Gegenteil wirklich ist? Also dient die Vorstellung der Technik bloß dazu, uns die Nichtabhängigkeit des Produkts von derselben ins Gemüt zu rufen und seine Freiheit desto anschaulicher zu machen.

Dieses leitet mich nun von selbst auf den Unterschied

zwischen dem *Schönen* und dem *Vollkommenen*. Alles Vollkommene, das absolut Vollkommene ausgenommen, welches das Moralische ist, ist unter dem Begriff der Technik enthalten, weil es in der Übereinstimmung des Mannigfaltigen zu Einem bestehet. Da nun die Technik bloß mittelbar zu der Schönheit beiträgt, insofern sie die Freiheit bemerkbar macht, das Vollkommene aber unter dem Begriff der Technik enthalten ist, so sieht man gleich, daß es nur die *Freiheit in der Technik* ist, was das Schöne von dem Vollkommenen unterscheidet. Das Vollkommene kann Autonomie haben, insofern seine Form durch seinen Begriff rein bestimmt worden ist; aber Heautonomie hat nur das Schöne, weil nur an diesem die Form durch das innere Wesen bestimmt ist.

Das Vollkommene, dargestellt mit Freiheit, wird sogleich in das Schöne verwandelt. Es wird aber mit Freiheit dargestellt, wenn die Natur des Dinges mit seiner Technik zusammenstimmend erscheint, wenn es aussieht, als wenn diese aus dem Dinge selbst freiwillig hervorgeflossen wäre. Man kann das Bisherige auch kurz so ausdrücken: Vollkommen ist ein Gegenstand, wenn alles Mannigfaltige an ihm zur Einheit seines Begriffs übereinstimmt; schön ist er, wenn seine Vollkommenheit als Natur erscheint. Die Schönheit wächst, wenn die Vollkommenheit zusammengesetzter wird und die Natur dabei nichts leidet; denn die Aufgabe der Freiheit wird mit der zunehmenden Menge des Verbundenen schwieriger und ihre glückliche Auflösung eben darum überraschender.

Zweckmäßigkeit, Ordnung, Proportion, Vollkommenheit – Eigenschaften, in denen man die Schönheit so lange gefunden zu haben glaubte – haben mit derselben ganz und gar nichts zu tun. Wo aber Ordnung, Proportion etc. zur *Natur* eines Dinges gehören, wie bei allem Organischen, da sind sie auch eo ipso unverletzbar; aber nicht um ihrer selbst willen, sondern weil sie von der Natur des Dinges unzertrennlich sind. Eine grobe Verletzung der Proportion ist häßlich, aber nicht weil Beobachtung der Proportion Schönheit ist. Ganz und gar nicht, sondern weil sie eine Verletzung der Natur ist, also Heteronomie andeutet. Ich bemerke überhaupt, daß der ganze Irrtum derer, welche die Schönheit in der Proportion oder in der Vollkommenheit suchten, davon herrührt: sie fanden, daß die Verletzung derselben den Gegenstand häßlich machte; daraus zogen sie gegen alle Logik den Schluß, daß die Schönheit in der genauen Beobachtung dieser Eigenschaften enthalten sei. Aber alle diese Eigenschaften machen bloß die *Materie* des Schönen, welche sich bei jedem Gegenstand abändern kann; sie können zur Wahrheit gehören, welche auch nur die Materie der Schönheit ist. Die Form des Schönen ist nur ein freier Vortrag der Wahrheit, der Zweckmäßigkeit, der Vollkommenheit.

Wir nennen ein Gebäude vollkommen, wenn sich alle Teile desselben nach dem Begriff und dem Zwecke des Ganzen richten und seine *Form* durch seine *Idee* rein bestimmt worden ist. Schön aber nennen wir es, wenn wir diese Idee nicht zu Hilfe nehmen müssen, um die Form einzusehen, wenn sie freiwillig und absichtslos aus sich selbst hervorzuspringen und alle Teile sich durch sich selbst zu beschränken scheinen. Ein Gebäude kann deswegen (beiläufig zu sagen) nie ein ganz freies Kunstwerk sein und nie ein Ideal der Schönheit erreichen, weil es schlechterdings unmöglich ist, an einem Gebäude, das Treppen, Türen, Kamine, Fenster und Öfen braucht, ohne Hilfe eines Begriffs auszureichen und also Heteronomie zu verbergen. Völlig rein kann also nur diejenige Kunstschönheit sein, deren Original in der Natur selbst sich findet.

Schön ist ein Gefäß, wenn es, ohne seinem Begriff zu widersprechen, einem freien Spiel der Natur gleichsieht. Die Handhabe an einem Gefäß ist bloß des Ge-

brauches wegen, also durch einen Begriff da; soll aber das Gefäß schön sein, so muß diese Handhabe so ungezwungen und freiwillig daraus hervorspringen, daß man ihre Bestimmung vergißt. Ginge sie aber in einem rechten Winkel ab, verengte sich der weite Bauch plötzlich zu einem engen Halse u. dgl., so würde diese abrupte Veränderung der Richtung allen Schein von Freiwilligkeit zerstören, und die Autonomie der Erscheinung würde verschwinden.
Wann sagt man wohl, daß eine Person schön gekleidet sei? Wenn weder das Kleid durch den Körper noch der Körper durch das Kleid an seiner Freiheit etwas leidet; wenn dieses aussieht, als wenn es mit dem Körper nichts zu verkehren hätte und doch aufs vollkommenste seinen Zweck erfüllt. Die Schönheit oder vielmehr der Geschmack betrachtet alle Dinge als *Selbstzwecke* und duldet schlechterdings nicht, daß eines dem andern als Mittel dient oder das Joch trägt. In der ästhetischen Welt ist jedes Naturwesen ein freier Bürger, der mit dem edelsten gleiche Rechte hat, und *nicht einmal um des Ganzen willen* darf *gezwungen* werden, sondern zu allem schlechterdings *konsentieren* muß. In dieser ästhetischen Welt, die eine andere ist als die vollkommenste Platonische Republik, fodert auch der Rock, den ich auf dem Leibe trage, Respekt von mir für seine Freiheit, und er verlangt von mir, gleich einem verschämten Bedienten, daß ich niemanden merken lasse, daß er mir *dient*. Dafür aber verspricht er mir auch reziproke, seine Freiheit so bescheiden zu gebrauchen, daß die meinige nichts dabei leidet; und wenn beide Wort halten, so wird die ganze Welt sagen, daß ich schön angezogen sei. *Spannt* hingegen der Rock, so verlieren wir beide, der Rock und ich, von unsrer Freiheit. Deswegen sind alle *ganz enge und ganz weite* Kleidungsarten gleich wenig schön; denn nicht zu rechnen, daß beide die Freiheit der Bewegungen einschränken, so zeigt bei der engen Kleidung der Körper seine Figur

nur auf Kosten des Kleides, und bei der weiten Kleidung verbirgt der Rock die Figur des Körpers, indem er sich selbst mit der seinigen aufbläht und seinen Herrn zu seinem bloßen Träger herabsetzt.
Eine Birke, eine Fichte, eine Pappel ist schön, wenn sie schlank emporsteigt, eine Eiche, wenn sie sich krümmt; die Ursache ist, weil diese sich selbst überlassen die krumme, jene hingegen die gerade Richtung lieben. Zeigt sich also die Eiche schlank und die Birke verbogen, so sind sie beide nicht schön, weil ihre Richtungen fremden Einfluß, Heteronomie verraten. Wird hingegen die Pappel vom Winde gebogen, so finden wir dies wieder schön, weil sie durch ihre schwankende Bewegung ihre Freiheit äußert.
Welchen Baum wird sich der Maler am liebsten aufsuchen, um ihn in Landschaften zu benutzen? Denjenigen gewiß, der von der Freiheit Gebrauch macht, die ihm bei aller Technik seines Baues gelassen ist – der sich nicht nach seinem Nachbar sklavisch richtet, sondern sich, selbst mit einiger Kühnheit, etwas herausnimmt, aus seiner Ordnung tritt, sich eigensinnig dahin oder dorthin wendet, wenn er auch gleich hier eine Lücke lassen, dort etwas durch seine ungestüme Dazwischenkunft verwirren müßte. An demjenigen hingegen, der immer in einerlei Richtung verharrt, auch wenn ihm seine Gattung weit mehr Freiheit vergönnt, dessen Äste ängstlich in Reihe und Glied bleiben, als wenn sie nach der Schnur gezogen wären, wird er mit Gleichgültigkeit vorübergehen.
An jeder großen Komposition ist es nötig, daß sich das Einzelne einschränke, um das Ganze zum Effekt kommen zu lassen. Ist diese Einschränkung des Einzelnen zugleich eine Wirkung seiner Freiheit, d. i., setzt es sich diese Grenze selbst, so ist die Komposition schön. Schönheit ist durch sich selbst gebändigte Kraft, Beschränkung aus Kraft.
Eine Landschaft ist schön komponiert, wenn alle ein-

zelne Partien, aus denen sie besteht, so ineinanderspielen, daß jede sich selbst ihre Grenze setzt, und das Ganze also das Resultat von der Freiheit des Einzelnen ist. Alles in einer Landschaft soll auf das Ganze bezogen sein, und alles Einzelne soll doch nur unter seiner eigenen Regel zu stehen, seinem eigenen Willen zu folgen scheinen. Es ist aber unmöglich, daß die Zusammenstimmung zu einem Ganzen kein Opfer von seiten des Einzelnen koste, da die Kollision der Freiheit unvermeidlich ist. Der Berg wird also auf manches einen Schatten werfen wollen, was man beleuchtet haben will; Gebäude werden die Naturfreiheit einschränken, die Aussicht hemmen; die Zweige werden lästige Nachbarn sein; Menschen, Tiere, Wolken wollen sich bewegen, denn die Freiheit des Lebendigen äußert sich nur in Handlung. Der Fluß will in seiner Richtung kein Gesetz von dem Ufer annehmen, sondern seinem eigenen folgen; kurz: jedes Einzelne will seinen Willen haben. Wo bliebe aber nun die Harmonie des Ganzen, wenn jedes nur für sich selbst sorgt? Daraus eben geht sie hervor, daß jedes aus innerer Freiheit sich gerade die Einschränkung vorschreibt, die das andere braucht, um *seine* Freiheit zu äußern. Ein Baum im Vordergrund könnte eine schöne Partie im Hintergrund bedecken; ihn zu *nötigen*, daß er das nicht tut, würde seiner Freiheit zu nahe getreten sein und Stümperei verraten. Was tut also der verständige Künstler? Er läßt denjenigen Ast des Baumes, der den Hintergrund zu verhüllen droht, *aus eigner Schwere* sich heruntersenken und dadurch dem hintern Prospekte freiwillig Platz machen; und so vollbringt der Baum den Willen des Künstlers, indem er bloß seinem eigenen folgt.

Eine Versifikation ist schön, wenn jeder einzelne Vers sich selbst seine Länge und Kürze, seine Bewegung und seinen Ruhepunkt gibt, jeder Reim sich aus innerer Notwendigkeit darbietet und doch wie gerufen kommt – kurz, wenn kein Wort von dem andern, kein Vers von dem andern Notiz zu nehmen, bloß seiner selbst wegen dazustehen scheint und doch alles so ausfällt, als wenn es verabredet wäre.

Warum ist das Naive schön? Weil die Natur darin über Künstelei und Verstellung ihre Rechte behauptet. Wenn uns Virgil einen Blick in das Herz der Dido will werfen lassen und uns zeigen will, wie weit es mit ihrer Liebe gekommen ist, so hätte er dies als Erzähler recht gut in seinem eigenen Namen sagen können; aber dann würde diese Darstellung auch nicht schön gewesen sein. Wenn er uns aber die nämliche Entdeckung durch die Dido selbst machen läßt, ohne daß sie die Absicht hat, so aufrichtig gegen uns zu sein (siehe das Gespräch zwischen Anna und Dido im Anfange des vierten Buchs): so nennen wir dies wahrhaft schön; denn es ist die Natur selbst, welche das Geheimnis ausplaudert.

Gut ist eine Lehrart, wo man vom Bekannten zum Unbekannten fortschreitet; schön ist sie, wenn sie sokratisch ist, d. i., wenn sie dieselben Wahrheiten aus dem Kopfe und Herzen des Zuhörers herausfragt. Bei der ersten werden dem Verstand seine Überzeugungen in forma *abgefodert*, bei der zweiten werden sie ihm *abgelockt*.

Warum wird die Schlangenlinie für die schönste gehalten? Ich habe an dieser einfachsten aller ästhetischen Aufgaben meine Theorie besonders geprüft, und ich halte diese Probe darum für entscheidend, weil bei dieser einfachen Aufgabe keine Täuschung durch Nebenursachen stattfinden kann.

Eine Schlangenlinie, kann der Baumgartenianer sagen, ist darum die schönste, weil sie sinnlich vollkommen ist. Es ist eine Linie, die ihre Richtung immer abändert (Mannigfaltigkeit) und immer wieder zu derselben Richtung zurückkehrt (Einheit). Wäre sie aber aus keinem besseren Grunde schön, so müßte es folgende Linie auch sein:

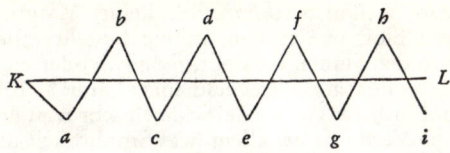

welche gewiß nicht schön ist. Auch hier ist Veränderung der Richtung; ein Mannigfaltiges, nämlich a, b, c, d, e, f, g, h, i; und Einheit der Richtung ist auch da, welche der Verstand hineindenkt und die durch die Linie K, L vorgestellt ist. Diese Linie ist nicht schön, ob sie gleich sinnlich vollkommen ist.

Folgende Linie aber ist eine schöne Linie, oder könnte es doch sein, wenn meine Feder besser wäre.

Nun ist der ganze Unterschied zwischen dieser zweiten und jener bloß der, daß jene ihre Richtung ex abrupto, diese aber unmerklich verändert; der Unterschied ihrer Wirkungen auf das ästhetische Gefühl muß also in diesem einzig bemerkbaren Unterschied ihrer Eigenschaften gegründet sein. Was ist aber eine plötzlich veränderte Richtung anders, als eine gewaltsam veränderte? Die Natur liebt keinen Sprung. Sehen wir sie einen tun, so zeigt es, daß ihr Gewalt geschehen ist. Freiwillig hingegen erscheint nur diejenige Bewegung, an der man keinen bestimmten Punkt angeben kann, bei dem sie ihre Richtung abänderte. Und dies ist der Fall mit der Schlangenlinie, welche sich von der oben abgebildeten bloß durch ihre *Freiheit* unterscheidet.

Ich könnte noch Beispiele genug aufhäufen, um zu zeigen, daß alles, was wir schön nennen, sich dieses Prädikat bloß durch die Freiheit in seiner Technik erwerbe. Aber an den angeführten Proben mag es vor jetzt genug sein. Weil also *Schönheit* an keiner Materie haftet, sondern bloß in der Behandlung besteht; alles aber, was sich den Sinnen vorstellt, technisch oder nicht-technisch, frei oder nicht-frei erscheinen kann: so folgt daraus, daß sich das Gebiet des Schönen sehr weit erstrecke, weil die Vernunft bei allem, was Sinnlichkeit und Verstand ihr unmittelbar vorstellen, nach der Freiheit fragen kann und muß. Darum ist das Reich des Geschmacks ein Reich der Freiheit – die schöne Sinnenwelt das glücklichste Symbol, wie die moralische sein soll, und jedes schöne Naturwesen außer mir ein glücklicher Bürge, der mir zuruft: Sei frei, wie ich.

Darum stört uns jede sich aufdringende Spur der despotischen Menschenhand in einer freien Naturgegend; darum jeder Tanzmeisterzwang im Gange und in den Stellungen; darum jede Künstelei in den Sitten und Manieren; darum alles Eckigte im Umgang; darum jede Beleidigung der Naturfreiheit in Verfassungen, Gewohnheiten und Gesetzen.

Es ist auffallend, wie sich der gute Ton (Schönheit des Umgangs) aus meinem Begriff der Schönheit entwickeln läßt. Das erste Gesetz des guten Tons ist's: *Schone fremde Freiheit*; das zweite: *zeige selbst Freiheit*. Die pünktliche Erfüllung beider ist ein unendlich schweres Problem; aber der gute Ton fodert sie unerläßlich, und sie macht allein den vollendeten Weltmann. Ich weiß für das Ideal des schönen Umgangs kein passenderes Bild als einen gut getanzten und aus vielen verwickelten Touren komponierten englischen Tanz. Ein Zuschauer aus der Galerie sieht unzählige Bewegungen, die sich aufs bunteste durchkreuzen und ihre Richtung lebhaft und mutwillig verändern und doch *niemals zusammenstoßen*. Alles ist so geordnet, daß der eine schon Platz gemacht hat, wenn der andere kommt; alles fügt sich so geschickt und doch wieder so kunstlos ineinander, daß jeder nur seinem eigenen Kopf zu folgen scheint und doch nie dem andern in den Weg tritt. Es ist das treffendste Sinnbild der behaupteten eigenen Freiheit und der geschonten Freiheit des andern.

Alles, was man gewöhnlich *Härte* nennt, ist nichts anders als das Gegenteil des *Freien*. Diese Härte ist es, was oft der Verstandesgröße, oft selbst der moralischen ihren *ästhetischen* Wert benimmt. Der gute Ton verzeiht auch dem glänzendsten Verdienst diese *Brutalität* nicht, und liebenswürdig wird die Tugend selbst nur durch Schönheit. Schön ist aber ein Charakter, eine Handlung nicht, wenn sie die Sinnlichkeit des Menschen, dem sie zukommen, unter den Zwang des Gesetzes zeigen oder der Sinnlichkeit des Zuschauers Zwang antun. In diesem Falle werden sie bloß *Achtung*, aber nicht *Gunst*, nicht Neigung einflößen; bloße Achtung demütigt den, der sie empfindet. Daher gefällt uns Cäsar weit mehr als Cato, Kimon mehr als Phokion, Thomas Jones weit mehr als Grandison. Daher rührt es, daß uns oft bloß *affektionierte* Handlungen mehr gefallen als rein moralische, weil sie Freiwilligkeit zeigen, weil sie durch die Natur (den Affekt), nicht durch die gebieterische Vernunft wider das Interesse der Natur vollbracht werden – daher mag es kommen, daß uns die milden Tugenden mehr als die heroischen, das Weibliche so oft mehr als das Männliche gefällt; denn der weibliche Charakter, auch der vollkommenste, kann nie anders als aus Neigung handeln.

[...] S.

Dresden, den 26. Febr. 93

[...]
Über das Verhältnis der Sittlichkeit zur Schönheit habe ich Dich besser verstanden als Du glaubst. Nur mag ich mich undeutlich oder unrichtig ausgedrückt haben, wo ich von einer Ableitung der Schönheit aus der Sittlichkeit gesprochen habe. Ich meinte bloß, das Prinzip, aus dem (Du) die Schönheit als *Freiheit* in der Erschei-

nung erklärst, sei das *nächste* Prinzip der Sittlichkeit, und ich wünschte noch ein entfernteres und höheres zu finden.
Was Du über das Beleidigende der Vorstellung von Pflicht äußerst, ist mir aus der Seele geschrieben. Immer hat mich dieser Punkt in dem Kantischen System geärgert. Dein Beispiel aus dem Gebiet der Sittlichkeit macht Deinen Begriff von der moralischen Schönheit sehr anschaulich. Aber noch vermisse ich für die Schönheit überhaupt ein solches *Merkmal*, an dem sie leicht zu erkennen wäre. Wodurch äußert sich die Autonomie in dem Objekte? Was nötigt mich, den Grund der Form *in ihr selbst* zu suchen? Über diese Fragen wünschte ich Dir etwas schreiben zu können. Aber noch ist mir alles zu dunkel. Ich ahnde bloß die Wichtigkeit des Verhältnisses von Form zu Stoff, die Analogie der Form mit dem Geistigen, die Lebenskraft in uns, vielleicht die Fruchtbarkeit der Platonischen Ideen. Doch davon nächstens mehr. Schicke mir nur unterdessen, was Du gefunden hast.
[...] K.

[Beilage zum Brief Schillers vom 28. Febr. 93]

I

Das Schöne der Kunst

Es ist von zweierlei Art: a) Schönes der Wahl oder des Stoffes – Nachahmung des Naturschönen. b) Schönes der Darstellung oder der Form – Nachahmung der Natur. Ohne das letzte gibt es keinen Künstler. Beides vereinigt, macht den großen Künstler.
Das Schöne der Form oder der Darstellung ist der Kunst *eigen*. »Das Schöne der Natur«, sagt Kant sehr richtig, »ist ein schönes Ding; das Schöne der Kunst ist

eine schöne Vorstellung von dem Dinge.« Das Idealschöne, könnte man hinzusetzen, ist eine schöne Vorstellung von einem schönen Ding.
Bei dem Schönen der Wahl wird darauf gesehen, *was* der Künstler darstellt. Bei dem Schönen der Form (der Kunstschönheit stricte sic dicta) wird bloß darauf gesehen, *wie* er darstellt. Das erste, kann man sagen, ist eine freie Darstellung der Schönheit, das zweite eine freie Darstellung der Wahrheit.
Da sich das erste mehr auf die Bedingungen des Naturschönen einschränkt, das letzte aber der Kunst eigentümlich zukommt, so handle ich von diesem zuerst; denn erst muß gezeigt werden, was den Künstler überhaupt macht, ehe man von dem großen Künstler spricht.
Schön ist ein Naturprodukt, wenn es in seiner Kunstmäßigkeit frei erscheint.
Schön ist ein Kunstprodukt, wenn es ein Naturprodukt frei darstellt.
Freiheit der Darstellung ist also der Begriff, mit dem wir es hier zu tun haben.
Man *beschreibt* einen Gegenstand, wenn man die Merkmale, die ihn kenntlich machen, in Begriffe verwandelt und zur Einheit der Erkenntnis verbindet.
Man *stellt ihn dar*, wenn man die verbundenen Merkmale unmittelbar in der Anschauung vorlegt.
Das Vermögen der Anschauungen ist die Einbildungskraft. Ein Gegenstand heißt also dargestellt, wenn die Vorstellung desselben unmittelbar vor die Einbildungskraft gebracht wird.
Frei ist ein Ding, das durch sich selbst bestimmt ist oder so erscheint.
Frei dargestellt heißt also ein Gegenstand, wenn er der Einbildungskraft als durch sich selbst bestimmt vorgehalten wird.
Aber wie kann er ihr als durch sich selbst bestimmt vorgehalten werden, da er selbst nicht einmal da ist,

sondern in einem andern bloß nachgeahmt wird; da er nicht in Person, sondern durch einen Repräsentanten sich vorstellt?
Das Kunstschöne nämlich ist nicht die Natur selbst, sondern nur eine Nachahmung derselben in einem *Medium*, das von dem *Nachgeahmten* materialiter ganz verschieden ist. *Nachahmung* ist die formale Ähnlichkeit des Materialverschiedenen.

N. B. Architektur, schöne Mechanik, Gartenkunst, Tanzkunst u. dergl. dürfen für keine Einwendung gelten; denn daß auch diese Künste sich demselben Prinzip unterordnen, ob sie gleich entweder kein Naturprodukt nachahmen oder kein Medium dazu brauchen, wird in der Folge sehr evident werden.

Die Natur des Gegenstandes wird also in der Kunst nicht selbst in ihrer Persönlichkeit und Individualität, sondern durch ein *Medium* vorgestellt, welches wieder:
a) seine eigene Individualität und Natur hat;
b) von dem Künstler abhängt, der gleichfalls als eine eigene Natur zu betrachten ist.
Der Gegenstand wird also durch die *dritte* Hand vor die Einbildungskraft gestellt; und da sowohl der Stoff, worin er nachgeahmt wird, als der Künstler, der diesen Stoff bearbeitet, ihre eigene Natur besitzen und nach ihrer eigenen Natur wirken – wie ist es möglich, daß die Natur des Gegenstandes dennoch rein und durch sich selbst bestimmt kann vorgestellt werden?
Der darzustellende Gegenstand legt seine Lebendigkeit ab, er ist nicht selbst gegenwärtig, sondern seine Sache wird durch einen ihm ganz unähnlichen fremden Stoff geführt, auf den es ankommt, wieviel jener von seiner Individualität retten oder einbüßen soll.
Nun kommt also die fremde Natur des Stoffes *dazwischen*, und nicht diese allein, sondern auch die ebenso fremde Natur des Künstlers, der diesem Stoff seine Form zu geben hat. Alle Dinge aber wirken notwendig nach ihrer Natur.

Es sind also hier dreierlei Naturen, die miteinander ringen: die Natur des darzustellenden, die Natur des darstellenden Stoffes und die Natur des Künstlers, welcher jene beiden in Übereinstimmung bringen soll.
Es ist aber bloß die Natur des Nachgeahmten, was wir an einem Kunstprodukt zu finden erwarten; und das will eigentlich der Ausdruck sagen, daß es durch sich selbst bestimmt der Einbildungskraft vorgestellt werde. Sobald aber entweder der *Stoff* oder der *Künstler* ihre Naturen mit einmischen, so erscheint der dargestellte Gegenstand nicht mehr als durch sich selbst bestimmt, sondern Heteronomie ist da. Die Natur des Repräsentierten erleidet von dem Repräsentieren der Gewalt, sobald dieses seine Natur dabei geltend macht. Ein Gegenstand kann also nur dann *frei dargestellt* heißen, wenn die Natur des Dargestellten von der Natur des Darstellenden nichts gelitten hat.
Die Natur des Mediums oder des Stoffes muß also von der Natur des Nachgeahmten völlig besiegt erscheinen. Nun ist aber bloß die *Form* des Nachgeahmten, was auf das Nachahmende übertragen werden kann; also ist es die Form, welche in der Kunstdarstellung den Stoff besiegt haben muß.
Bei einem Kunstwerk also muß sich der *Stoff* (die Natur des Nachahmenden) in der *Form* (des Nachgeahmten), der *Körper* in der *Idee,* die *Wirklichkeit* in der *Erscheinung* verlieren.
Der Körper in der Idee: denn die Natur des Nachgeahmten ist an dem nachahmenden Stoffe nichts Körperliches; sie existiert bloß als Idee an demselben, und alles Körperliche an diesem gehört bloß ihm selbst und nicht dem Nachgeahmten an.
Die Wirklichkeit in der Erscheinung: Wirklichkeit heißt hier das *Reale,* welches an einem Kunstwerke immer nur die *Materie* ist und dem *Formalen* oder der Idee, die der Künstler in dieser Materie ausführt, muß ent-

gegengesetzt werden. Die Form ist an einem Kunstwerk bloße Erscheinung, d. i., der Marmor *scheint* ein Mensch, aber er bleibt, in der Wirklichkeit, Marmor.
Frei also wäre die Darstellung, wenn die Natur des Mediums durch die Natur des Nachgeahmten völlig vertilgt erscheint, wenn das *Nachgeahmte* seine reine Persönlichkeit auch in seinem Repräsentanten behauptet, wenn das Repräsentierende durch völlige Ablegung oder vielmehr *Verleugnung* seiner Natur sich mit dem Repräsentierten vollkommen ausgetauscht zu haben scheint – kurz – wenn nichts durch den Stoff, sondern alles durch die Form ist.
Ist an einer Bildsäule ein einziger Zug, der den Stein verrät, der also nicht in der Idee, sondern in der Natur des Stoffes gegründet ist, so leidet die Schönheit; denn Heteronomie ist da. Die Marmornatur, welche hart und spröd ist, muß in der Natur des Fleisches, welches biegsam und weich ist, völlig untergegangen sein, und weder das Gefühl noch das Auge darf daran erinnert werden.
Ist an einer Zeichnung ein einziger Zug, der die Feder oder den Griffel, das Papier oder die Kupferplatte, den Pinsel oder die Hand, die ihn führte, kenntlich macht, so ist sie *hart* oder *schwer*; ist an ihr *der eigentümliche Geschmack* des Künstlers, die Künstlernatur sichtbar, so ist sie *manieriert*. Leidet nämlich die Beweglichkeit eines Muskels (in einem Kupferstich) durch die Härte des Metalls oder durch die schwere Hand des Künstlers, so ist die Darstellung häßlich; weil sie nicht durch die Idee, sondern durch das Medium bestimmt worden ist. Leidet die Eigentümlichkeit des darzustellenden Objekts durch die Geisteseigentümlichkeit des Künstlers, so sagen wir, die Darstellung sei manieriert.
Das Gegenteil der *Manier* ist der *Stil*, der nichts anders ist als die höchste Unabhängigkeit der Darstellung von allen subjektiven und allen objektiv zufälligen Bestimmungen.

Reine Objektivität der Darstellung ist das Wesen des guten Stils: der höchste Grundsatz der Künste.
»Der Stil verhält sich zur Manier, wie sich die Handlungsart aus formalen Grundsätzen zu einer Handlungsart aus empirischen Maximen (subjektiven Grundsätzen) verhält. Der Stil ist eine völlige Erhebung über das Zufällige zum Allgemeinen und Notwendigen.« (Aber unter dieser Erklärung des Stils ist auch schon *das Schöne der Wahl* mitbegriffen, wovon jetzt noch nicht die Rede sein soll.)
Der große Künstler, könnte man also sagen, zeigt uns den Gegenstand (seine Darstellung hat reine Objektivität), der mittelmäßige zeigt sich selbst (seine Darstellung hat Subjektivität), der schlechte seinen Stoff (die Darstellung wird durch die Natur des Mediums und durch die Schranken des Künstlers bestimmt).
Alle diese drei Fälle werden an einem Schauspieler sehr anschaulich.
1. Wenn Ekhof oder Schröder den Hamlet spielten, so verhielten sich ihre *Personen* zu ihrer *Rolle* wie der Stoff zur Form, wie der Körper zur Idee, wie die Wirklichkeit zur Erscheinung. Ekhof war gleichsam der Marmor, aus dem sein Genie einen Hamlet formte; und weil seine (des Schauspielers) Person in der künstlichen Person Hamlets völlig unterging, weil bloß die *Form* (der Charakter Hamlets) und nirgends der Stoff (nirgends die wirkliche Person des Schauspielers) zu bemerken war – weil alles an ihm bloß Form (bloß Hamlet) war, so sagt man, er spielte schön. Seine Darstellung war im großen Stil, weil sie *erstlich* völlig objektiv war und nichts Subjektives sich miteinmischte; *zweitens*, weil sie objektiv notwendig, nicht zufällig war (wovon die Erläuterung bei einer andern Gelegenheit).
2. Wenn Madame Albrecht eine Ophelia spielte, so erblickte man zwar die Natur des Stoffes (die Person der Schauspielerin) nicht, aber auch nicht die reine Natur

des Darzustellenden (die Person der Ophelia), sondern – eine willkürliche Idee der Schauspielerin. Sie hatte sich nämlich einen subjektiven Grundsatz – eine Maxime – gemacht, den Schmerz, den Wahnsinn, den edlen Anstand gerade so vorzustellen, ohne sich darum zu bekümmern, ob dieser Vorstellung Objektivität zukommt oder nicht. Sie hatte also nur *Manier*, keinen *Stil* gezeigt.

3. Wenn Herr Brückl einen König spielt, so sieht man die Natur des Mediums über die Form (die Rolle des Königs) herrschen; denn aus jeder Bewegung blickt der Schauspieler (der Stoff) ekelhaft und stümperhaft hervor. Man sieht sogleich die niedrige Wirkung des *Mangels*, weil es dem Künstler (hier dem Verstand des Schauspielers) an Einsicht fehlt, den Stoff (den Körper des Schauspielers) einer Idee gemäß zu formen. Die Darstellung ist also elend, weil sie zugleich die Natur des Stoffes und die subjektive Schranken des Künstlers offenbart.

Bei zeichnenden und bildenden Künsten fällt es leicht genug in die Augen, wieviel die Natur des Darzustellenden leidet, wenn die Natur des Mediums nicht völlig bezwungen ist. Aber schwerer dürfte es sein, diesen Grundsatz nun auch auf die *poetische* Darstellung anzuwenden, welche doch schlechterdings daraus abgeleitet werden muß. Ich will versuchen, Dir einen Begriff davon zu geben.

Auch hier, versteht sich, ist noch gar nicht von *dem Schönen der Wahl* die Rede, sondern bloß von *dem Schönen der Darstellung*. Es wird also vorausgesetzt, der Dichter habe die ganze Objektivität seines Gegenstandes *wahr*, *rein* und *vollständig* in seiner Einbildungskraft aufgefaßt – das Objekt stehe schon *idealisiert* (d. i. in reine Form verwandelt) vor seiner Seele und es komme bloß darauf an, es *außer sich darzustellen*. Dazu wird nun erfodert, daß dieses Objekt seines

Gemüts von der Natur des Mediums, in welchem es dargestellt wird, keine Heteronomie erleidet.

Das Medium des Dichters sind Worte: also abstrakte Zeichen für Arten und Gattungen, niemals für Individuen; und deren Verhältnisse durch *Regeln* bestimmt werden, davon die *Grammatik* das System enthält. Daß zwischen den Sachen und den Worten keine *materiale* Ähnlichkeit (Identität) stattfindet, macht gar keine Schwierigkeit; denn diese findet sich auch nicht zwischen der *Bildsäule* und dem *Menschen*, dessen Darstellung sie ist. Aber auch die bloß *formale* Ähnlichkeit (Nachahmung) ist zwischen Worten und Sachen so leicht nicht. Die Sache und ihr Wortausdruck sind bloß zufällig und willkürlich (wenige Fälle abgerechnet), bloß durch Übereinkunft miteinander verbunden. Indessen würde auch dies nicht viel zu bedeuten haben, weil es nicht darauf ankommt, was das Wort an sich selbst ist, sondern welche Vorstellung es erweckt. Gäbe es also überhaupt nur Worte oder Wortsätze, welche uns den individuellsten Charakter der Dinge, ihre individuellsten Verhältnisse, und kurz die ganze objektive Eigentümlichkeit des Einzelnen vorstellten, so käme es gar nicht darauf an, ob dies durch *Konvenienz* oder aus innerer Notwendigkeit geschähe.

Aber eben daran fehlt es. Sowohl die Worte als ihre Biegungs- und Verbindungsgesetze sind ganz allgemeine Dinge, die nicht *einem* Individuum, sondern einer unendlichen Anzahl von Individuen zum Zeichen dienen. Noch weit mißlicher steht es um die Bezeichnung der *Verhältnisse*, welche nach Regeln bewerkstelligt wird, die auf unzählige und ganz heterogene Fälle zugleich anwendbar sind und nur durch eine besondere Operation des Verstandes einer individuellen Vorstellung angepaßt werden. Das darzustellende Objekt muß also, ehe es vor die Einbildungskraft gebracht und in Anschauung verwandelt wird, durch das abstrakte Gebiet der Begriffe *einen sehr weiten Umweg nehmen*, auf welchem es viel von seiner Lebendigkeit (sinnlichen Kraft) verliert. Der Dichter hat überall kein anderes Mittel, um das Besondere darzustellen, als die künstliche *Zusammensetzung des Allgemeinen* (»der eben jetzt vor mir stehende Leuchter fällt um« ist ein solcher individueller Fall), durch Verbindung lauter allgemeiner Zeichen ausgedrückt.

Die *Natur* des Mediums, dessen der Dichter sich bedient, besteht also »in einer Tendenz zum *Allgemeinen*« und liegt daher mit der Bezeichnung des Individuellen (welches die Aufgabe ist) im Streit. Die Sprache stellt alles vor den *Verstand*, und der Dichter soll alles vor die *Einbildungskraft* bringen (darstellen); die Dichtkunst will *Anschauungen*, die Sprache gibt nur *Begriffe*.

Die Sprache beraubt also den Gegenstand, dessen Darstellung ihr anvertraut wird, seiner Sinnlichkeit und Individualität und drückt ihm eine Eigenschaft von ihr selbst (Allgemeinheit) auf, die ihm fremd ist. Sie mischt – um mich meiner Terminologie zu bedienen – in die Natur des Darzustellenden, welche sinnlich ist, die Natur des Darstellenden, welche abstrakt ist, ein und bringt also Heteronomie in die Darstellung desselben. Der Gegenstand wird also der Einbildungskraft nicht als durch sich selbst bestimmt, also nicht frei, vorgestellt, sondern gemodelt durch den Genius der Sprache, oder er wird gar nur vor den Verstand gebracht; und so wird er entweder nicht frei dargestellt oder gar nicht dargestellt, sondern bloß beschrieben.

Soll also eine poetische Darstellung frei sein, so muß der Dichter »*die Tendenz der Sprache zum Allgemeinen durch die Größe seiner Kunst überwinden und den Stoff* (Worte und ihre Flexions- und Konstruktionsgesetze) *durch die Form* (nämlich die Anwendung derselben) *besiegen*«. Die Natur der Sprache (eben diese ihre Tendenz zum Allgemeinen) muß in der ihr gegebenen Form völlig untergehn, der Körper muß sich in der Idee, das Zeichen in dem Bezeichneten, die Wirklichkeit in der Erscheinung verlieren. Frei und siegend muß das Darzustellende aus dem Darstellenden hervorscheinen, und trotz allen Fesseln der Sprache in seiner ganzen Wahrheit, Lebendigkeit und Persönlichkeit vor der Einbildungskraft dastehen. Mit einem Wort: Die Schönheit der poetischen Darstellung ist »*freie Selbsthandlung der Natur in den Fesseln der Sprache*«.

(Die Fortsetzung künftigen Posttag.)

Über Anmut und Würde

Über Anmut und Würde

Die griechische Fabel legt der Göttin der Schönheit einen Gürtel bei, der die Kraft besitzt, dem, der ihn trägt, Anmut zu verleihen und Liebe zu erwerben. Eben diese Gottheit wird von den Huldgöttinnen oder den Grazien begleitet.

Die Griechen unterschieden also die Anmut und die Grazien noch von der Schönheit, da sie solche durch Attribute ausdrückten, die von der Schönheitsgöttin zu trennen waren. Alle Anmut ist schön, denn der Gürtel des Liebreizes ist ein Eigentum der Göttin von Gnidus; aber nicht alles Schöne ist Anmut, denn auch ohne diesen Gürtel bleibt Venus, was sie ist.

Nach eben dieser Allegorie ist es die Schönheitsgöttin allein, die den Gürtel des Reizes trägt und verleiht. Juno, die herrliche Königin des Himmels, muß jenen Gürtel erst von der Venus entlehnen, wenn sie den Jupiter auf dem Ida bezaubern will. Hoheit also, selbst wenn ein gewisser Grad von Schönheit sie schmückt (den man der Gattin Jupiters keineswegs abspricht), ist ohne Anmut nicht sicher, zu gefallen; denn nicht von ihren eignen Reizen, sondern von dem Gürtel der Venus erwartet die hohe Götterkönigin den Sieg über Jupiters Herz.

Die Schönheitsgöttin kann aber doch ihren Gürtel entäußern und seine Kraft auf das Minderschöne übertragen. Anmut ist also kein ausschließendes Prärogativ des Schönen, sondern kann auch, obgleich immer nur aus der Hand des Schönen, auf das Minderschöne, ja selbst auf das Nichtschöne übergehen.

Die nämlichen Griechen empfahlen demjenigen, dem bei allen übrigen Geistesvorzügen die Anmut, das Gefällige fehlte, den Grazien zu opfern. Diese Göttinnen wurden also von ihnen zwar als Begleiterinnen des schönen Geschlechts vorgestellt, aber doch als solche, die auch dem Mann gewogen werden können und die ihm, wenn er gefallen will, unentbehrlich sind.

Was ist aber nun die Anmut, wenn sie sich mit dem Schönen zwar am liebsten, aber doch nicht ausschließend verbindet? wenn sie zwar von dem Schönen herstammt, aber die Wirkungen desselben auch an dem Nichtschönen offenbart? wenn die Schönheit zwar *ohne sie* bestehen, aber *durch sie* allein Neigung einflößen kann?

Das zarte Gefühl der Griechen unterschied frühe schon, was die Vernunft noch nicht zu verdeutlichen fähig war, und nach einem Ausdruck strebend erborgte es von der Einbildungskraft Bilder, da ihm der Verstand noch keine Begriffe darbieten konnte. Jener Mythus ist daher der Achtung des Philosophen wert, der sich ohnehin damit begnügen muß, zu den Anschauungen, in welchen der reine Natursinn seine Entdeckungen niederlegt, die Begriffe aufzusuchen, oder mit andern Worten, die Bilderschrift der Empfindungen zu erklären.

Entkleidet man die Vorstellung der Griechen von ihrer allegorischen Hülle, so scheint sie keinen andern als folgenden Sinn einzuschließen:

Anmut ist eine *bewegliche* Schönheit; eine Schönheit nämlich, die an ihrem Subjekte zufällig entstehen und ebenso aufhören kann. Dadurch unterscheidet sie sich von der *fixen* Schönheit, die mit dem Subjekte selbst notwendig gegeben ist. Ihren Gürtel kann Venus abnehmen und der Juno augenblicklich überlassen; ihre Schönheit würde sie nur mit ihrer Person weggeben können. Ohne ihren Gürtel ist sie nicht mehr die reizende Venus, ohne Schönheit ist sie nicht Venus mehr.

Dieser Gürtel, als das Symbol der beweglichen Schönheit, hat aber das ganz Besondre, daß er der Person, die damit geschmückt wird, die objektive Eigenschaft der Anmut verleiht, und unterscheidet sich dadurch von jedem andern Schmuck, der nicht die Person selbst, sondern bloß den Eindruck derselben subjektiv, in der Vorstellung eines andern, verändert. Es ist der ausdrückliche Sinn des griechischen Mythus, daß sich die Anmut in eine Eigenschaft der Person verwandle und daß die Trägerin des Gürtels wirklich liebenswürdig *sei*, nicht bloß so *scheine*.

Ein Gürtel, der nicht mehr ist als ein zufälliger äußerlicher Schmuck, scheint allerdings kein ganz passendes Bild zu sein, die *persönliche* Eigenschaft der Anmut zu bezeichnen; aber eine persönliche Eigenschaft, die zugleich als zertrennbar von dem Subjekte gedacht wird, konnte nicht wohl anders als durch eine zufällige Zierde versinnlicht werden, die sich unbeschadet der Person von ihr trennen läßt.

Der Gürtel des Reizes wirkt also nicht *natürlich*, weil er in diesem Fall an der Person selbst nichts verändern könnte, sondern er wirkt *magisch*, das ist, seine Kraft wird über alle Naturbedingungen erweitert. Durch diese Auskunft (die freilich nicht mehr ist als ein Behelf) sollte der Widerspruch gehoben werden, in den das Darstellungsvermögen sich jederzeit unvermeidlich verwickelt, wenn es für das, was außerhalb der Natur im Reiche der Freiheit liegt, in der Natur einen Ausdruck sucht.

Wenn nun der Gürtel des Reizes eine objektive Eigenschaft ausdrückt, die sich von ihrem Subjekte absondern läßt, ohne deswegen etwas an der Natur desselben zu verändern, so kann er nichts anders als Schönheit der Bewegung bezeichnen; denn Bewegung ist die einzige Veränderung, die mit einem Gegenstand vorgehen kann, ohne seine Identität aufzuheben.

Schönheit der Bewegung ist ein Begriff, der beiden Forderungen Genüge leistet, die in dem angeführten Mythus enthalten sind. Sie ist *erstlich* objektiv und kommt dem Gegenstande selbst zu, nicht bloß der Art, wie wir

ihn aufnehmen. Sie ist *zweitens* etwas Zufälliges an demselben, und der Gegenstand bleibt übrig, auch wenn wir diese Eigenschaft von ihm wegdenken.
Der Gürtel des Reizes verliert auch bei dem Minderschönen und selbst bei dem Nichtschönen seine magische Kraft nicht; das heißt, auch das Minderschöne, auch das Nichtschöne kann sich *schön bewegen*.
Die Anmut, sagt der Mythus, ist etwas *Zufälliges* an ihrem Subjekt; daher können nur zufällige Bewegungen diese Eigenschaft haben. An einem Ideal der Schönheit müssen alle *notwendigen* Bewegungen schön sein, weil sie, als notwendig, zu seiner Natur gehören; die Schönheit dieser Bewegungen ist also schon mit dem Begriff der Venus *gegeben*; die Schönheit der zufälligen ist hingegen eine *Erweiterung* dieses Begriffs. Es gibt eine Anmut der Stimme, aber keine Anmut des Atemholens.
Ist aber jede Schönheit der zufälligen Bewegungen Anmut?
Daß der griechische Mythus Anmut und Grazien nur auf die Menschheit einschränke, wird kaum einer Erinnerung bedürfen; er geht sogar noch weiter und schließt selbst die Schönheit der Gestalt in die Grenzen der Menschengattung ein, unter welcher der Grieche bekanntlich auch seine Götter begreift. Ist aber die Anmut nur ein Vorrecht der Menschenbildung, so kann keine derjenigen Bewegungen darauf Anspruch machen, die der Mensch auch mit dem, was bloß Natur ist, gemein hat. Könnten also die Locken an einem schönen Haupte sich mit Anmut bewegen, so wäre kein Grund mehr vorhanden, warum nicht auch die Äste eines Baumes, die Wellen eines Stroms, die Saaten eines Kornfelds, die Gliedmaßen der Tiere sich mit Anmut bewegen sollten. Aber die Göttin von Gnidus repräsentiert nur die menschliche Gattung, und da, wo der Mensch weiter nichts als ein Naturding und Sinnenwesen ist, da hört sie auf, für ihn Bedeutung zu haben.

Willkürlichen Bewegungen allein kann also Anmut zukommen, aber auch unter diesen nur denjenigen, die ein Ausdruck *moralischer* Empfindungen sind. Bewegungen, welche keine andere Quelle als die Sinnlichkeit haben, gehören bei aller Willkürlichkeit doch nur der Natur an, die für sich allein sich nie bis zur Anmut erhebet. Könnte sich die Begierde mit Anmut, der Instinkt mit Grazie äußern, so würden Anmut und Grazie nicht mehr fähig und würdig sein, der Menschheit zu einem Ausdruck zu dienen.

Und doch ist es die Menschheit allein, in die der Grieche alle Schönheit und Vollkommenheit einschließt. Nie darf sich ihm die Sinnlichkeit ohne Seele zeigen, und seinem humanen Gefühle ist es gleich unmöglich, die rohe Tierheit und die Intelligenz zu vereinzeln. Wie er jeder Idee sogleich einen Leib anbildet und auch das Geistigste zu verkörpern strebt, so fordert er von jeder Handlung des Instinkts an dem Menschen zugleich einen Ausdruck seiner sittlichen Bestimmung. Dem Griechen ist die Natur nie *bloß* Natur: darum darf er auch nicht erröten, sie zu ehren; ihm ist die Vernunft niemals *bloß* Vernunft: darum darf er auch nicht zittern, unter ihren Maßstab zu treten. Natur und Sittlichkeit, Materie und Geist, Erde und Himmel fließen wunderbar schön in seinen Dichtungen zusammen. Er führte die Freiheit, die nur im Olympus zu Hause ist, auch in die Geschäfte der Sinnlichkeit ein, und dafür wird man es ihm hingehen lassen, daß er die Sinnlichkeit in den Olympus versetzte.

Dieser zärtliche Sinn der Griechen nun, der das Materielle immer nur unter der Begleitung des Geistigen duldet, weiß von keiner willkürlichen Bewegung am Menschen, die nur der Sinnlichkeit allein angehörte, ohne zugleich ein Ausdruck des moralischempfindenden Geistes zu sein. Daher ist ihm auch die Anmut nichts anders als ein solcher schöner Ausdruck der Seele in den willkürlichen Bewegungen. Wo also Anmut stattfindet, da ist die Seele das bewegende Prinzip, und in *ihr* ist der Grund von der Schönheit der Bewegung enthalten. Und so löst sich denn jene mythische Vorstellung in folgenden Gedanken auf: »Anmut ist eine Schönheit, die nicht von der Natur gegeben, sondern von dem Subjekte selbst hervorgebracht wird.«

Ich habe mich bis jetzt darauf eingeschränkt, den Begriff der Anmut aus der griechischen Fabel zu entwickeln, und, wie ich hoffe, ohne ihr Gewalt anzutun. Jetzt sei mir erlaubt, zu versuchen, was sich auf dem Weg der philosophischen Untersuchung darüber ausmachen läßt, und ob es auch hier, wie in so viel andern Fällen, wahr ist, daß sich die philosophierende Vernunft weniger Entdeckungen rühmen kann, die der Sinn nicht schon dunkel *geahnet* und die Poesie nicht *geoffenbart* hätte.

Venus, ohne ihren Gürtel und ohne die Grazien, repräsentiert uns das Ideal der Schönheit, so wie letztere aus den Händen der bloßen Natur kommen kann und, ohne die Einwirkung eines empfindenden Geistes, durch die plastischen Kräfte erzeugt wird. Mit Recht stellt die Fabel für diese Schönheit eine eigene Göttergestalt zur Repräsentantin auf, denn schon das natürliche Gefühl unterscheidet sie auf das strengste von derjenigen, die dem Einfluß eines empfindenden Geistes ihren Ursprung verdankt.

Es sei mir erlaubt, diese von der bloßen Natur, nach dem Gesetz der Notwendigkeit gebildete Schönheit, zum Unterschied von der, welche sich nach Freiheitsbedingungen richtet, die Schönheit des Baues *(architektonische Schönheit)* zu benennen. Mit diesem Namen will ich also denjenigen Teil der menschlichen Schönheit bezeichnet haben, der nicht bloß durch Naturkräfte *ausgeführt* worden (was von jeder Erscheinung gilt), sondern der auch *nur allein durch Naturkräfte bestimmt ist*.

Ein glückliches Verhältnis der Glieder, fließende Umrisse, ein lieblicher Teint, eine zarte Haut, ein feiner und freier Wuchs, eine wohlklingende Stimme usf. sind Vorzüge, die man bloß der Natur und dem Glück zu verdanken hat; der *Natur*, welche die Anlage dazu hergab und selbst entwickelte; dem *Glück*, welches das Bildungsgeschäft der Natur vor jeder Einwirkung feindlicher Kräfte beschützte.

Diese Venus steigt schon ganz vollendet aus dem Schaume des Meers empor: vollendet, denn sie ist ein beschlossenes, streng abgewogenes Werk der Notwendigkeit und als solches keiner Varietät, keiner Erweiterung fähig. Da sie nämlich nichts anders ist als ein schöner Vortrag der Zwecke, welche die Natur mit dem Menschen beabsichtet, und daher jede ihrer Eigenschaften durch den Begriff, der ihr zum Grund liegt, vollkommen entschieden ist, so kann sie – der Anlage nach – als ganz gegeben beurteilt werden, obgleich diese erst unter Zeitbedingungen zur Entwicklung kommt.

Die architektonische Schönheit der menschlichen Bildung muß von der technischen Vollkommenheit derselben wohl unterschieden werden. Unter der letztern hat man *das System der Zwecke* selbst zu verstehen, so wie sie sich untereinander zu einem obersten Endzweck vereinigen; unter der erstern hingegen bloß *eine Eigenschaft der Darstellung* dieser Zwecke, so wie sie sich dem anschauenden Vermögen in der Erscheinung offenbaren. Wenn man also von der Schönheit spricht, so wird weder der materielle Wert dieser Zwecke noch die formale Kunstmäßigkeit ihrer Verbindung dabei in Betrachtung gezogen. Das anschauende Vermögen hält sich einzig nur an die Art des Erscheinens, ohne auf die logische Beschaffenheit seines Objekts die geringste Rücksicht zu nehmen. Ob also gleich die architektonische Schönheit des menschlichen Baues durch den Begriff, der demselben zum Grund liegt, und durch die Zwecke bedingt ist, welche die Natur mit ihm beabsichtet, so isoliert doch das ästhetische Urteil sie völlig von diesen Zwecken, und nichts, als was der Erscheinung unmittelbar und eigentümlich angehört, wird in die Vorstellung der Schönheit aufgenommen.

Man kann daher auch nicht sagen, daß die Würde der Menschheit die Schönheit des menschlichen Baues erhöhe. In unser Urteil über die letztere kann die Vorstellung der erstern zwar einfließen, aber alsdann hört es zugleich auf, ein rein ästhetisches Urteil zu sein. Die Technik der menschlichen Gestalt ist allerdings ein Ausdruck seiner Bestimmung, und als ein solcher darf und soll sie uns mit Achtung erfüllen. Aber diese Technik wird nicht dem *Sinn*, sondern dem *Verstande* vorgestellt; sie kann nur *gedacht werden*, nicht *erscheinen*. Die architektonische Schönheit hingegen kann nie ein Ausdruck seiner Bestimmung sein, da sie sich an ein ganz andres Vermögen wendet, als dasjenige ist, welches über jene Bestimmung zu entscheiden hat.

Wenn daher dem Menschen, vorzugsweise vor allen übrigen technischen Bildungen der Natur, Schönheit beigelegt wird, so ist dies nur insofern wahr, als er schon in der *bloßen Erscheinung* diesen Vorzug behauptet, ohne daß man sich dabei seiner Menschheit zu erinnern braucht. Denn da dieses letzte nicht anders als vermittelst eines Begriffs geschehen könnte, so würde nicht der Sinn, sondern der Verstand über die Schönheit Richter sein, welches einen Widerspruch einschließt. Die Würde seiner sittlichen Bestimmung kann also der Mensch nicht in Anschlag bringen, seinen Vorzug als Intelligenz kann er nicht geltend machen, wenn er den Preis der Schönheit behaupten will; hier ist er nichts als ein Ding im Raume, nichts als Erscheinung unter Erscheinungen. Auf seinen Rang in der Ideenwelt wird in der Sinnenwelt nicht geachtet, und wenn er in dieser die erste Stelle behaupten soll, so kann er sie nur dem, was in ihm Natur ist, zu verdanken haben.

Aber eben diese seine Natur ist, wie wir wissen, durch

die Idee seiner Menschheit bestimmt worden, und so ist es denn mittelbar auch seine architektonische Schönheit. Wenn er sich also vor allen Sinnenwesen um ihn her durch höhere Schönheit unterscheidet, so ist er dafür unstreitig seiner menschlichen Bestimmung verpflichtet, welche den Grund enthält, warum er sich von den übrigen Sinnenwesen überhaupt nur unterscheidet. Aber nicht darum ist die menschliche Bildung schön, weil sie ein Ausdruck dieser höheren Bestimmung ist; denn wäre dieses, so würde die nämliche Bildung aufhören, schön zu sein, sobald sie eine niedrigere Bestimmung ausdrückte, so würde auch das Gegenteil dieser Bildung schön sein, sobald man nur annehmen könnte, daß es jene höhere Bestimmung ausdrückte. Gesetzt aber, man könnte bei einer schönen Menschengestalt ganz und gar vergessen, was sie ausdrückt, man könnte ihr, ohne sie in der Erscheinung zu verändern, den rohen Instinkt eines Tigers unterschieben, so würde das Urteil der Augen vollkommen dasselbe bleiben, und der Sinn würde den Tiger für das schönste Werk des Schöpfers erklären.

Die Bestimmung des Menschen, als einer Intelligenz, hat also an der Schönheit seines Baues nur insofern einen Anteil, als ihre Darstellung, d. i. ihr Ausdruck in der Erscheinung, zugleich mit den Bedingungen zusammentrifft, unter welchen das Schöne sich in der Sinnenwelt erzeugt. Die Schönheit selbst nämlich muß jederzeit ein freier Natureffekt bleiben, und die Vernunftidee, welche die Technik des menschlichen Baues bestimmte, kann ihm nie Schönheit *erteilen*, sondern bloß *gestatten*.

Man könnte mir zwar einwenden, daß überhaupt alles, was in der Erscheinung sich darstellt, durch Naturkräfte ausgeführt werde und daß dieses also kein ausschließendes Merkmal des Schönen sein könne. Es ist wahr, alle technische Bildungen sind hervorgebracht durch Natur, aber durch Natur sind sie nicht technisch,

77

wenigstens werden sie nicht so beurteilt. Technisch sind sie nur durch den Verstand, und ihre technische Vollkommenheit hat also schon Existenz im Verstande, ehe sie in die Sinnenwelt hinübertritt und zur Erscheinung wird. Schönheit hingegen hat das ganz Eigentümliche, daß sie in der Sinnenwelt nicht bloß dargestellt wird, sondern auch in derselben zuerst entspringt; daß die Natur sie nicht bloß ausdrückt, sondern auch erschafft. Sie ist durchaus nur eine Eigenschaft des Sinnlichen, und auch der Künstler, der sie beabsichtet, kann sie nur insoweit erreichen, als er den Schein unterhält, daß die Natur gebildet habe.

Die Technik des menschlichen Baues zu beurteilen, muß man die Vorstellung der Zwecke, denen sie gemäß ist, zu Hilfe nehmen; dies hat man gar nicht nötig, um die Schönheit dieses Baues zu beurteilen. Der Sinn allein ist hier ein völlig kompetenter Richter, und dies könnte er nicht sein, wenn nicht die Sinnenwelt (die sein einziges Objekt ist) alle Bedingungen der Schönheit enthielte und also zu Erzeugung derselben vollkommen hinreichend wäre. *Mittelbar* freilich ist die Schönheit des Menschen in dem Begriff seiner Menschheit gegründet, weil seine ganze sinnliche Natur in diesem Begriffe gegründet ist; aber der Sinn, weiß man, hält sich nur an das *Unmittelbare*, und für ihn ist es also gerade so viel, als wenn sie ein ganz unabhängiger Natureffekt wäre.

Nach dem Bisherigen sollte es nun scheinen, als wenn die Schönheit für die Vernunft durchaus kein Interesse haben könnte, da sie bloß in der Sinnenwelt entspringt und sich auch nur an das sinnliche Erkenntnisvermögen wendet. Denn nachdem wir von dem Begriff derselben, als fremdartig, abgesondert haben, was die Vorstellung der Vollkommenheit in unser Urteil über die Schönheit zu mischen kaum unterlassen kann, so scheint dieser nichts mehr übrigzubleiben, wodurch sie der Gegenstand eines vernünftigen Wohlgefallens sein könnte. Nichtsdestoweniger ist es ebenso ausgemacht,

daß das Schöne der Vernunft gefällt, als es entschieden ist, daß es auf keiner solchen Eigenschaft des Objektes beruht, die nur durch Vernunft zu entdecken wäre.
Um diesen anscheinenden Widerspruch aufzulösen, muß man sich erinnern, daß es zweierlei Arten gibt, wodurch Erscheinungen Objekte der Vernunft werden und Ideen ausdrücken können. Es ist nicht immer nötig, daß die Vernunft diese Ideen aus den Erscheinungen *herauszieht*; sie kann sie auch in dieselben *hineinlegen*. In beiden Fällen wird die Erscheinung einem Vernunftbegriff adäquat sein, nur mit dem Unterschied: daß in dem ersten Fall die Vernunft ihn schon objektiv darin *findet* und ihn gleichsam von dem Gegenstand nur empfängt, weil der Begriff gesetzt werden muß, um die Beschaffenheit und oft selbst um die Möglichkeit des Objekts zu erklären; daß sie hingegen in dem zweiten Fall das, was unabhängig von ihrem Begriff in der Erscheinung gegeben ist, selbsttätig zu einem Ausdruck desselben *macht* und also etwas bloß Sinnliches übersinnlich behandelt. Dort ist also die Idee mit dem Gegenstande objektiv notwendig, hier hingegen höchstens subjektiv notwendig verknüpft. Ich brauche nicht zu sagen, daß ich jenes von der Vollkommenheit, dieses von der Schönheit verstehe.
Da es also in dem zweiten Fall in Ansehung des sinnlichen Objektes ganz und gar zufällig ist, ob es eine Vernunft gibt, die mit der Vorstellung desselben eine ihrer Ideen verbindet, folglich die objektive Beschaffenheit des Gegenstandes von dieser Idee als völlig unabhängig muß betrachtet werden, so tut man ganz recht, das Schöne *objektiv* auf lauter Naturbedingungen einzuschränken und es für einen bloßen Effekt der Sinnenwelt zu erklären. Weil aber doch – auf der andern Seite – die Vernunft von diesem Effekt der bloßen Sinnenwelt einen transzendenten Gebrauch macht und ihm dadurch, daß sie ihm eine höhere Bedeutung leiht, gleichsam ihren Stempel aufdrückt, so hat man

ebenfalls recht, das Schöne *subjektiv* in die intelligible Welt zu versetzen. Die Schönheit ist daher als die Bürgerin zweier Welten anzusehen, deren einer sie durch *Geburt*, der andern durch *Adoption* angehört; sie empfängt ihre Existenz in der sinnlichen Natur und erlangt in der Vernunftwelt das Bürgerrecht. Hieraus erklärt sich auch, wie es zugeht, daß der Geschmack, als ein Beurteilungsvermögen des Schönen, zwischen Geist und Sinnlichkeit in die Mitte tritt und diese beiden einander verschmähenden Naturen zu einer glücklichen Eintracht verbindet – wie er dem *Materiellen* die Achtung der Vernunft, wie er dem *Rationalen* die Zuneigung der Sinne erwirbt – wie er Anschauungen zu Ideen adelt und selbst die Sinnenwelt gewissermaßen in ein Reich der Freiheit verwandelt.

Wiewohl es aber – in Ansehung des Gegenstandes selbst – zufällig ist, ob die Vernunft mit der Vorstellung desselben eine ihrer Ideen verbindet, so ist es doch – für das vorstellende Subjekt – notwendig, mit einer solchen Vorstellung eine solche Idee zu verknüpfen. Diese Idee und das ihr korrespondierende sinnliche Merkmal an dem Objekte müssen miteinander in einem solchen Verhältnis stehen, daß die Vernunft durch ihre eignen unveränderlichen Gesetze zu dieser Handlung genötigt wird. In der Vernunft selbst muß also der Grund liegen, warum sie ausschließend nur mit einer *gewissen* Erscheinungsart der Dinge eine bestimmte Idee verknüpft, und in dem Objekte muß wieder der Grund liegen, warum es ausschließend nur *diese* Idee und keine andre hervorruft. Was für eine Idee das nun sei, die die Vernunft in das Schöne hineinträgt, und durch welche objektive Eigenschaft der schöne Gegenstand fähig sei, dieser Idee zum Symbol zu dienen – dies ist eine viel zu wichtige Frage, um hier bloß im Vorübergehen beantwortet zu werden, und deren Erörterung ich also auf eine Analytik des Schönen verspare.

Die architektonische Schönheit des Menschen ist also, auf die Art, wie ich eben erwähnte, *der sinnliche Ausdruck eines Vernunftbegriffs*; aber sie ist es in keinem andern Sinne und mit keinem größern Rechte als überhaupt jede schöne Bildung der Natur. *Dem Grade nach* übertrifft sie zwar alle andere Schönheiten, aber *der Art nach* steht sie in der nämlichen Reihe mit denselben, da auch sie von ihrem Subjekte nichts, als was sinnlich ist, offenbart und erst in der Vorstellung eine übersinnliche Bedeutung empfängt*. Daß die Darstellung der Zwecke am Menschen schöner ausgefallen ist als bei andern organischen Bildungen, ist als eine *Gunst* anzusehen, welche die Vernunft, als Gesetzgeberin des menschlichen Baues, der Natur als Ausrichterin ihrer Gesetze erzeigte. Die Vernunft verfolgt zwar bei der Technik des Menschen ihre Zwecke mit strenger Notwendigkeit, aber glücklicherweise treffen ihre Forderungen mit der Notwendigkeit der Natur zusammen, so daß die letztere den Auftrag der erstern vollzieht, indem sie bloß nach ihrer eigenen Neigung handelt. Dieses kann aber nur von der *architektonischen* Schönheit des Menschen gelten, wo die Naturnotwendigkeit durch die Notwendigkeit des sie bestimmenden teleologischen Grundes unterstützt wird. Hier allein konnte

---

* Denn – um es noch einmal zu wiederholen – in der *bloßen Anschauung* wird alles, was an der Schönheit *objektiv* ist, gegeben. Da aber das, was dem Menschen den Vorzug vor allen übrigen Sinnenwesen gibt, in der bloßen Anschauung *nicht* vorkommt, so kann eine Eigenschaft, die sich schon in der bloßen Anschauung offenbart, diesen Vorzug nicht sichtbar machen. Seine höhere Bestimmung, die allein diesen Vorzug begründet, wird also durch seine Schönheit nicht ausgedrückt, und erst der Vorstellung von jener kann daher nie ein Ingrediens von dieser abgeben, nie in das ästhetische Urteil mit aufgenommen werden. Nicht der Gedanke selbst, dessen Ausdruck die menschliche Bildung ist, bloß die Wirkungen desselben in der Erscheinung offenbaren sich dem Sinn. Zu dem übersinnlichen Grund dieser Wirkungen erhebt der *bloße Sinn* sich ebensowenig, als (wenn man mir dies Beispiel verstatten will) der bloß sinnliche Mensch zu der Idee der obersten Weltursache hinaufsteigt, wenn er seine Triebe befriedigt.

die Schönheit gegen die Technik des Baues *berechnet* werden, welches aber nicht mehr stattfindet, sobald die Notwendigkeit nur einseitig ist und die übersinnliche Ursache, welche die Erscheinung bestimmt, sich zufällig verändert. Für die architektonische Schönheit des Menschen sorgt also die Natur *allein*, weil ihr hier, gleich in der ersten Anlage, die Vollziehung alles dessen, was der Mensch zu Erfüllung seiner Zwecke bedarf, einmal für immer von dem schaffenden Verstand übergeben wurde und sie also in diesem ihrem organischen Geschäfte keine Neuerung zu befürchten hat.

Der Mensch aber ist zugleich eine Person, ein Wesen also, welches selbst Ursache, und zwar absolut letzte Ursache seiner Zustände sein, welches sich nach Gründen, die es aus sich selbst nimmt, verändern kann. Die Art seines Erscheinens ist abhängig von der Art seines Empfindens und Wollens, also von Zuständen, die er selbst in seiner Freiheit, und nicht die Natur nach ihrer Notwendigkeit bestimmt.

Wäre der Mensch bloß ein Sinnenwesen, so würde die Natur zugleich die Gesetze geben und die Fälle der Anwendung bestimmen; jetzt teilt sie das Regiment mit der Freiheit, und obgleich ihre Gesetze Bestand haben, so ist es nunmehr doch der Geist, der über die Fälle entscheidet.

Das Gebiet des Geistes erstreckt sich so weit, als die Natur lebendig ist, und endigt nicht eher, als wo das organische Leben sich in die formlose Masse verliert und die animalischen Kräfte aufhören. Es ist bekannt, daß alle bewegenden Kräfte im Menschen untereinander zusammenhängen, und so läßt sich einsehen, wie der Geist – auch nur als Prinzip der willkürlichen Bewegung betrachtet – seine Wirkungen durch das ganze System derselben fortpflanzen kann. Nicht bloß die Werkzeuge des Willens, auch diejenigen, über welche der Wille nicht unmittelbar zu gebieten hat, erfahren wenigstens mittelbar seinen Einfluß. Der Geist bestimmt sie nicht bloß absichtlich, wenn er handelt, sondern auch unabsichtlich, wenn er empfindet.

Die Natur für sich allein kann, wie aus dem obigen klar ist, nur für die Schönheit derjenigen Erscheinungen sorgen, die sie selbst, uneingeschränkt, nach dem Gesetz der Notwendigkeit zu bestimmen hat. Aber mit der Willkür tritt der Zufall in ihre Schöpfung ein, und obgleich die Veränderungen, welche sie unter dem Regiment der Freiheit erleidet, *nach* keinen andern als ihren eignen Gesetzen erfolgen, so erfolgen sie doch nicht mehr *aus* diesen Gesetzen. Da es jetzt auf den Geist ankommt, welchen Gebrauch er von seinen Werkzeugen machen will, so kann die Natur über denjenigen Teil der Schönheit, welcher von diesem Gebrauche abhängt, nichts mehr zu gebieten und also auch nichts mehr zu verantworten haben.

Und so würde denn der Mensch in Gefahr schweben, gerade da, wo er sich durch den Gebrauch seiner Freiheit zu den reinen Intelligenzen erhebt, als Erscheinung zu sinken und in dem Urteile des Geschmacks zu verlieren, was er vor dem Richterstuhl der Vernunft gewinnt. Die durch sein Handeln *erfüllte* Bestimmung würde ihm einen Vorzug kosten, den die in seinem Bau bloß *angekündigte* Bestimmung begünstigte; und wenn gleich dieser Vorzug nur sinnlich ist, so haben wir doch gefunden, daß ihm die Vernunft eine höhere Bedeutung erteilt. Eines so groben Widerspruchs macht sich die Übereinstimmung liebende Natur nicht schuldig, und was in dem Reiche der Vernunft harmonisch ist, wird sich durch keinen Mißklang in der Sinnenwelt offenbaren.

Indem also die Person oder das freie Prinzipium im Menschen es auf sich nimmt, das Spiel der Erscheinungen zu bestimmen, und durch seine Dazwischenkunft der Natur die Macht entzieht, die Schönheit ihres Werks zu beschützen, so tritt es selbst an die Stelle der Natur und übernimmt (wenn mir dieser Ausdruck erlaubt ist) mit den Rechten derselben einen Teil ihrer Verpflichtungen. Indem der Geist die ihm untergeordnete Sinnlichkeit in sein Schicksal verwickelt und von seinen Zuständen abhängen läßt, macht er sich gewissermaßen selbst zur Erscheinung und bekennt sich als einen Untertan des Gesetzes, welches an alle Erscheinungen ergehet. Um seiner selbst willen macht er sich verbindlich, die von ihm abhängende Natur auch noch in seinem Dienste Natur bleiben zu lassen und sie ihrer früheren Pflicht nie entgegen zu behandeln. Ich nenne die Schönheit eine *Pflicht* der Erscheinungen, weil das ihr entsprechende Bedürfnis im Subjekte in der Vernunft selbst gegründet und daher allgemein und notwendig ist. Ich nenne sie eine *frühere* Pflicht, weil der Sinn schon geurteilt hat, ehe der Verstand sein Geschäft beginnt.

Die Freiheit regiert also jetzt die Schönheit. Die Natur gab die Schönheit des Baues, die Seele gibt die Schönheit des Spiels. Und nun wissen wir auch, was wir unter Anmut und Grazie zu verstehen haben. Anmut ist die Schönheit der Gestalt unter dem Einfluß der Freiheit; die Schönheit derjenigen Erscheinungen, die die Person bestimmt. Die architektonische Schönheit macht dem Urheber der Natur, Anmut und Grazie machen ihrem Besitzer Ehre. Jene ist ein Talent, diese ein persönliches Verdienst.

Anmut kann nur der Bewegung zukommen, denn eine Veränderung im Gemüt kann sich nur als Bewegung in der Sinnenwelt offenbaren. Dies hindert aber nicht, daß nicht auch feste und ruhende Züge Anmut zeigen könnten. Diese festen Züge waren ursprünglich nichts als Bewegungen, die endlich bei oftmaliger Erneuerung habituell wurden und bleibende Spuren eindrückten*.

---

* Daher nimmt Home den Begriff der Anmut viel zu eng an, wenn er (Grundsätze d. Kritik II, 39. Neueste Ausgabe) sagt: »daß, wenn die anmutigste Person in Ruhe sei und sich weder bewege noch spreche, wir die Eigenschaft der Anmut, wie die Farbe im

Aber nicht alle Bewegungen am Menschen sind der Grazie fähig. Grazie ist immer nur die Schönheit der durch Freiheit bewegten Gestalt, und Bewegungen, die bloß der Natur angehören, können nie diesen Namen verdienen. Es ist zwar an dem, daß ein lebhafter Geist sich zuletzt beinahe aller Bewegungen seines Körpers bemächtigt, aber wenn die Kette sehr lang wird, wodurch sich ein schöner Zug an moralische Empfindungen anschließt, so wird er eine Eigenschaft des Baues und läßt sich kaum mehr zur Grazie zählen. Endlich bildet sich der Geist sogar seinen Körper, und der Bau selbst muß dem Spiele folgen, so daß sich die Anmut zuletzt nicht selten in architektonische Schönheit verwandelt.

So wie ein feindseliger, mit sich uneiniger Geist selbst die erhabenste Schönheit des Baues zu Grund richtet, daß man unter den unwürdigen Händen der Freiheit das herrliche Meisterstück der Natur zuletzt nicht mehr erkennen kann, so sieht man auch zuweilen das heitre und in sich harmonische Gemüt der durch Hindernisse gefesselten Technik zu Hilfe kommen, die Natur in

Finstern, aus den Augen verlieren.« Nein, wir verlieren sie nicht aus den Augen, solange wir an der schlafenden Person die Züge wahrnehmen, die ein wohlwollender sanfter Geist gebildet hat; und gerade der schätzbarste Teil der Grazie bleibt übrig, derjenige nämlich, der sich aus Gebärden zu Zügen verfestete und also die Fertigkeit des Gemüts in schönen Empfindungen an den Tag legt. Wenn aber der Herr Berichtiger des Homischen Werks seinen Autor durch die Bemerkung zurechtzuweisen glaubte (siehe in demselben Band Seite 459): »daß sich die Anmut nicht bloß auf willkürliche Bewegungen einschränke, daß eine schlafende Person nicht aufhöre, reizend zu sein« – und warum? »weil während dieses Zustandes die unwillkürlichen, sanften und eben deswegen desto anmutigern Bewegungen erst recht sichtbar werden«, so hebt er den Begriff der Grazie ganz auf, den Home bloß zu sehr einschränkte. Unwillkürliche Bewegungen im Schlafe, wenn es nicht mechanische Wiederholungen von willkürlichen sind, können nie anmutig sein, weit entfernt, daß sie es vorzugsweise sein könnten, und wenn eine schlafende Person reizend ist, so ist sie es keineswegs durch die Bewegungen, die sie macht, sondern durch ihre Züge, die von vorhergegangenen Bewegungen zeugen.

Freiheit setzen und die noch eingewickelte, gedrückte Gestalt mit göttlicher Glorie auseinander breiten. Die plastische Natur des Menschen hat unendlich viele Hilfsmittel in sich selbst, ihr Versäumnis hereinzubringen und ihre Fehler zu verbessern, sobald nur der sittliche Geist sie in ihrem Bildungswerk unterstützen, oder auch manchmal nur nicht beunruhigen will.

Da auch die verfesteten Bewegungen (in Züge übergegangene Gebärden) von der Anmut nicht ausgeschlossen sind, so könnte es das Ansehen haben, als ob überhaupt auch die Schönheit der anscheinenden oder nachgeahmten Bewegungen (die flammigten oder geschlängelten Linien) gleichfalls mit dazu gerechnet werden müßte, wie Mendelssohn auch wirklich behauptet*. Aber dadurch würde der Begriff der Anmut zu dem Begriff der Schönheit überhaupt erweitert; denn alle Schönheit ist zuletzt bloß eine Eigenschaft der wahren oder anscheinenden (objektiven oder subjektiven) Bewegung, wie ich in einer Zergliederung des Schönen zu beweisen hoffe. Anmut aber können nur solche Bewegungen zeigen, die zugleich einer Empfindung entsprechen.

Die Person – man weiß, was ich damit andeuten will – schreibt dem Körper die Bewegungen entweder durch ihren Willen vor, wenn sie eine vorgestellte Wirkung in der Sinnenwelt realisieren will, und in diesem Fall heißen die Bewegungen *willkürlich* oder abgezweckt; oder solche erfolgen, ohne den Willen der Person, nach einem Gesetz der Notwendigkeit – aber auf Veranlassung einer Empfindung; diese nenne ich *sympathetische* Bewegungen. Ob die letztern gleich unwillkürlich und in einer Empfindung gegründet sind, so darf man sie doch mit denjenigen nicht verwechseln, welche das sinnliche Gefühlvermögen und der Naturtrieb bestimmt; denn der Naturtrieb ist kein freies Prinzip, und was *er*

* Philosophische Schriften I, 90.

verrichtet, das ist keine Handlung der Person. Unter den sympathetischen Bewegungen, von denen hier die Rede ist, will ich also nur diejenigen verstanden haben, welche der moralischen Empfindung oder der moralischen Gesinnung zur Begleitung dienen.
Die Frage entsteht nun, welche von diesen beiden Arten der in der Person gegründeten Bewegungen ist der Anmut fähig?
Was man beim Philosophieren notwendig voneinander trennen muß, ist darum nicht immer auch in der Wirklichkeit getrennt. So findet man abgezweckte Bewegungen selten ohne sympathetische, weil der Wille als die Ursache von jenen sich nach moralischen Empfindungen bestimmt, aus welchen diese entspringen. Indem eine Person spricht, sehen wir zugleich ihre Blicke, ihre Gesichtszüge, ihre Hände, ja oft den ganzen Körper mitsprechen, und der mimische Teil der Unterhaltung wird nicht selten für den beredtsten geachtet. Aber auch selbst eine abgezweckte Bewegung kann zugleich als eine sympathetische anzusehen sein, und dies geschieht alsdann, wenn sich etwas Unwillkürliches in das Willkürliche derselben mit einmischt.
Die Art und Weise nämlich, wie eine willkürliche Bewegung vollzogen wird, ist durch ihren Zweck nicht so genau bestimmt, daß es nicht mehrere Arten geben sollte, nach denen sie kann verrichtet werden. Dasjenige nun, was durch den Willen oder den Zweck dabei unbestimmt gelassen ist, kann durch den Empfindungszustand der Person sympathetisch bestimmt werden und also zu einem Ausdruck desselben dienen. Indem ich meinen Arm ausstrecke, um einen Gegenstand in Empfang zu nehmen, so führe ich einen Zweck aus, und die Bewegung, die ich mache, wird durch die Absicht, die ich damit erreichen will, vorgeschrieben. Aber welchen Weg ich meinen Arm zu dem Gegenstand nehmen und wie weit ich meinen übrigen Körper will nachfolgen lassen – wie geschwind oder langsam, und mit

wie viel oder wenig Kraftaufwand ich die Bewegung verrichten will, in diese genaue Berechnung lasse ich mich in *dem* Augenblick nicht ein, und der Natur in mir wird also hier etwas anheimgestellt. Auf irgendeine Art und Weise muß aber doch dieses durch den bloßen Zweck nicht Bestimmte entschieden werden, und hier also kann meine Art zu empfinden den Ausschlag geben und durch den Ton, den sie angibt, die Art und Weise der Bewegung bestimmen. Der Anteil nun, den der Empfindungszustand der Person an einer willkürlichen Bewegung hat, ist das Unwillkürliche an derselben, und er ist auch das, worin man die Grazie zu suchen hat.
Eine willkürliche Bewegung, wenn sie sich nicht zugleich mit einer sympathetischen verbindet oder, was ebensoviel sagt, nicht mit etwas Unwillkürlichem, das in dem moralischen Empfindungszustand der Person seinen Grund hat, vermischet, kann niemals Grazie zeigen, wozu immer ein Zustand im Gemüt als Ursache erfordert wird. Die willkürliche Bewegung *erfolgt* auf eine Handlung des Gemüts, welche also vergangen ist, wenn die Bewegung geschieht.
Die sympathetische Bewegung hingegen *begleitet* die Handlung des Gemüts und den Empfindungszustand desselben, durch den es zu dieser Handlung vermocht wird, und muß daher mit beiden als gleichlaufend betrachtet werden.
Es erhellt schon daraus, daß die erste, die nicht von der Gesinnung der Person unmittelbar ausfließt, auch keine Darstellung derselben sein kann. Denn zwischen die Gesinnung und die Bewegung selbst tritt der Entschluß, der, für sich betrachtet, etwas ganz Gleichgültiges ist; die Bewegung ist Wirkung des Entschlusses und des Zweckes, nicht aber der Person und der Gesinnung.
Die willkürliche Bewegung ist mit der ihr vorangehenden Gesinnung zufällig, die begleitende hingegen notwendig damit verbunden. Jene verhält sich zum Ge-

müt, wie das konventionelle Sprachzeichen zu dem Gedanken, den es ausdrückt; die sympathetische oder begleitende hingegen wie der leidenschaftliche Laut zu der Leidenschaft. Jene ist daher nicht ihrer Natur, sondern bloß ihrem Gebrauch nach Darstellung des Geistes. Also kann man auch nicht wohl sagen, daß der Geist in einer willkürlichen Bewegung sich offenbare, da sie nur die Materie des Willens (den Zweck), nicht aber die Form des Willens (die Gesinnung) ausdrückt. Von der letztern kann uns nur die begleitende Bewegung belehren*.

Daher wird man aus den Reden eines Menschen zwar abnehmen können, für was er will gehalten sein, aber das, was er wirklich ist, muß man aus dem mimischen Vortrag seiner Worte und aus seinen Gebärden, also aus Bewegungen, die er nicht will, zu erraten suchen. Erfährt man aber, daß ein Mensch auch seine Gesichtszüge wollen kann, so traut man seinem Gesicht, von dem Augenblick dieser Entdeckung an, nicht mehr und läßt jene auch nicht mehr für einen Ausdruck seiner Gesinnungen gelten.

Nun mag zwar ein Mensch durch Kunst und Studium es zuletzt wirklich dahin bringen, daß er auch die begleitenden Bewegungen seinem Willen unterwirft und gleich einem geschickten Taschenspieler, welche Gestalt er will, auf den mimischen Spiegel seiner Seele fallen lassen kann. Aber an einem solchen Menschen ist dann

---

* Wenn sich eine Begebenheit vor einer zahlreichen Gesellschaft ereignet, so kann es sich treffen, daß jeder Anwesende von der Gesinnung der handelnden Personen seine eigene Meinung hat; so zufällig sind willkürliche Bewegungen mit ihrer moralischen Ursache verbunden. Wenn hingegen einem aus dieser Gesellschaft ein sehr geliebter Freund oder ein sehr verhaßter Feind unerwartet in die Augen fiele, so würde der unzweideutige Ausdruck seines Gesichts die Empfindungen seines Herzens schnell und bestimmt an den Tag legen, und das Urteil der ganzen Gesellschaft über den gegenwärtigen Empfindungszustand dieses Menschen würde wahrscheinlich völlig einstimmig sein; denn der Ausdruck ist hier mit seiner Ursache im Gemüt durch Naturnotwendigkeit verbunden.

auch alles Lüge, und alle Natur wird von der Kunst verschlungen. Grazie hingegen muß jederzeit Natur, d. i. unwillkürlich, sein (wenigstens so scheinen), und das Subjekt selbst darf nie so aussehen, als wenn es um seine Anmut wüßte.

Daraus ersieht man auch beiläufig, was man von der nachgeahmten oder gelernten Anmut (die ich die theatralische und die Tanzmeistergrazie nennen möchte) zu halten habe. Sie ist ein würdiges Gegenstück zu derjenigen Schönheit, die am Putztisch aus Karmin und Bleiweiß, falschen Locken, fausses gorges und Walfischrippen hervorgeht, und verhält sich ohngefähr ebenso zu der wahren Anmut, wie die Toiletten-Schönheit sich zu der architektonischen verhält*. Auf einen geüb-

---

* Ich bin ebenso weit entfernt, bei dieser Zusammenstellung dem Tanzmeister sein Verdienst um die wahre Grazie, als dem Schauspieler seinen Anspruch darauf abzustreiten. Der Tanzmeister kommt der wahren Anmut unstreitig zu Hilfe, indem er dem Willen die Herrschaft über seine Werkzeuge verschafft und die Hindernisse hinwegräumt, welche die Masse und Schwerkraft dem Spiel der lebendigen Kräfte entgegensetzen. Er kann dies nicht anders als nach Regeln verrichten, welche den Körper in einer heilsamen Zucht erhalten und, solange die Trägheit widerstrebt, steif, d. i. zwingend sein und auch so aussehen dürfen. Entläßt er aber den Lehrling aus seiner Schule, so muß die Regel bei diesem ihren Dienst schon geleistet haben, daß sie ihn nicht in die Welt zu begleiten braucht: kurz, das Werk der Regel muß in Natur übergehen.

Die Geringschätzung, mit der ich von der theatralischen Grazie rede, gilt nur der nachgeahmten, und diese nehme ich keinen Anstand auf der Schaubühne wie im Leben zu verwerfen. Ich bekenne, daß mir der Schauspieler nicht gefällt, der seine Grazie, gesetzt, daß ihm die Nachahmung auch noch so sehr gelungen sei, an der Toilette studiert hat. Die Forderungen, die wir an den Schauspieler machen, sind: 1. *Wahrheit* der Darstellung und 2. *Schönheit* der Darstellung. Nun behaupte ich, daß der Schauspieler, was die Wahrheit der Darstellung betrifft, alles durch Kunst und nichts durch Natur hervorbringen müsse, weil er sonst gar nicht Künstler ist; und ich werde ihn bewundern, wenn ich höre oder sehe, daß er, der einen wütenden Guelfo meisterhaft spielte, ein Mensch von sanftem Charakter ist; auf der andern Seite hingegen behaupte ich, daß er, was die Anmut der Darstellung betrifft, der Kunst gar nichts zu danken haben dürfe und daß hier alles an ihm freiwilliges

ten Sinn können beide völlig denselben Effekt machen wie das Original, das sie nachahmen; und ist die Kunst groß, so kann sie auch zuweilen den Kenner betrügen. Aber aus irgendeinem Zuge blickt endlich doch der Zwang und die Absicht hervor, und dann ist Gleichgültigkeit, wo nicht gar Verachtung und Ekel die unvermeidliche Folge. Sobald wir merken, daß die architektonische Schönheit gemacht ist, so sehen wir gerade so viel von der Menschheit (als Erscheinung) verschwunden, als aus einem fremden Naturgebiet zu derselben geschlagen worden ist – und wie sollten wir, die wir nicht einmal Wegwerfung eines zufälligen Vorzugs verzeihen, mit Vergnügen, ja auch nur mit Gleichgültigkeit einen Tausch betrachten, wobei ein Teil der Menschheit für gemeine Natur ist hingegeben worden? Wie sollten wir, wenn wir auch die Wirkung verzeihen könnten, den Betrug nicht verachten? – Sobald wir merken, daß die Anmut erkünstelt ist, so schließt sich plötzlich unser Herz, und zurücke flieht die ihr entgegenwallende Seele. Aus Geist sehen wir plötzlich Materie geworden, und ein Wolkenbild aus einer himmlischen Juno.
Ob aber gleich die Anmut etwas Unwillkürliches sein oder scheinen muß, so suchen wir sie doch nur bei Bewegungen, die mehr oder weniger von dem Willen ab-

---

Werk der Natur sein müsse. Wenn es mir bei der Wahrheit seines Spiels beifällt, daß ihm dieser Charakter nicht natürlich ist, so werde ich ihn nur um so höher schätzen; wenn es mir bei der Schönheit seines Spiels beifällt, daß ihm diese anmutigen Bewegungen nicht natürlich sind, so werde ich mich nicht enthalten können, über den *Menschen* zu zürnen, der hier den *Künstler* zu Hilfe nehmen mußte. Die Ursache ist, weil das Wesen der Grazie mit ihrer Natürlichkeit verschwindet und weil die Grazie doch eine Forderung ist, die wir uns an den bloßen Menschen zu machen berechtigt glauben. Was werde ich aber nun dem mimischen Künstler antworten, der gern wissen möchte, wie er, da er sie nicht erlernen darf, zu der Grazie kommen soll? Er soll, ist meine Meinung, zuerst dafür sorgen, daß die Menschheit in ihm selbst zur Zeitigung komme, und dann soll er hingehen und (wenn es sonst sein Beruf ist) sie auf der Schaubühne repräsentieren.

hängen. Man legt zwar auch einer gewissen Gebärdensprache Grazie bei und spricht von einem anmutigen Lächeln und einem reizenden Erröten, welches doch beides sympathetische Bewegungen sind, worüber nicht der Wille, sondern die Empfindung entscheidet. Allein nicht zu rechnen, daß jenes doch in unserer Gewalt ist und daß noch gezweifelt werden kann, ob dieses auch eigentlich zur Anmut gehöre, so sind doch bei weitem die mehrern Fälle, in welchen sich die Grazie offenbart, aus dem Gebiet der willkürlichen Bewegungen. Man fordert Anmut von der Rede und vom Gesang, von dem willkürlichen Spiele der Augen und des Mundes, von den Bewegungen der Hände und der Arme bei jedem freien Gebrauch derselben, von dem Gange, von der Haltung des Körpers und der Stellung, von dem ganzen Bezeugen eines Menschen, insofern es in seiner Gewalt ist. Von denjenigen Bewegungen am Menschen, die der Naturtrieb oder ein herrgewordener Affekt auf seine eigene Hand ausführt und die also auch ihrem Ursprung nach sinnlich sind, verlangen wir etwas ganz anders als Anmut, wie sich nachher entdecken wird. Dergleichen Bewegungen gehören der *Natur* und nicht der *Person* an, aus der doch allein alle Grazie quellen muß.

Wenn also die Anmut eine Eigenschaft ist, die wir von willkürlichen Bewegungen fordern, und wenn auf der andern Seite von der Anmut selbst doch alles Willkürliche verbannt sein muß, so werden wir sie in demjenigen, was bei absichtlichen Bewegungen unabsichtlich, zugleich aber einer moralischen Ursache im Gemüt entsprechend ist, aufzusuchen haben.

Dadurch wird übrigens bloß die Gattung von Bewegungen bezeichnet, unter welcher man die Grazie zu suchen hat; aber eine Bewegung kann alle diese Eigenschaften haben, ohne deswegen anmutig zu sein. Sie ist dadurch bloß *sprechend* (mimisch).

Sprechend (im weitesten Sinne) nenne ich jede Erscheinung am Körper, die einen Gemütszustand begleitet und ausdrückt. In dieser Bedeutung sind also alle sympathetische Bewegungen sprechend, selbst diejenigen, welche bloßen Affektionen der Sinnlichkeit zur Begleitung dienen.

Auch tierische Bildungen sprechen, indem ihr Äußres das Innre offenbart. Hier aber spricht bloß die Natur, nie die Freiheit. In der permanenten Gestalt und in den festen architektonischen Zügen des Tieres kündigt die Natur ihren *Zweck*, in den mimischen Zügen das erwachte oder gestillte *Bedürfnis* an. Der Ring der Notwendigkeit geht durch das Tier wie durch die Pflanze, ohne durch eine Person unterbrochen zu werden. Die Individualität seines Daseins ist nur die besondre Vorstellung eines allgemeinen Naturbegriffs; die Eigentümlichkeit seines gegenwärtigen Zustandes bloß Beispiel einer Ausführung des Naturzwecks unter bestimmten Naturbedingungen.

Sprechend im engern Sinn ist nur die menschliche Bildung, und diese auch nur in denjenigen ihrer Erscheinungen, die seinen moralischen Empfindungszustand begleiten und demselben zum Ausdruck dienen.

Nur in diesen Erscheinungen: denn in allen andern steht der Mensch in gleicher Reihe mit den übrigen Sinnenwesen. In seiner permanenten Gestalt und in seinen architektonischen Zügen legt bloß die Natur, wie beim Tier und allen organischen Wesen, ihre Absicht vor. Die Absicht der Natur mit ihm kann zwar viel weiter gehen als bei diesen und die Verbindung der Mittel zu Erreichung derselben kunstreicher und verwickelter sein; dies alles kommt bloß auf Rechnung der Natur und kann ihm selbst zu keinem Vorzug gereichen.

Bei dem Tiere und der Pflanze gibt die Natur nicht bloß die Bestimmung an, sondern führt sie auch allein aus. Dem Menschen aber gibt sie bloß die Bestimmung und überläßt ihm selbst die Erfüllung derselben. Dies allein macht ihn zum Menschen.

Der Mensch allein hat als Person unter allen bekannten Wesen das Vorrecht, in den Ring der Notwendigkeit, der für bloße Naturwesen unzerreißbar ist, durch seinen Willen zu greifen und eine ganz frische Reihe von Erscheinungen in sich selbst anzufangen. Der Akt, durch den er dieses wirkt, heißt vorzugsweise eine *Handlung*, und diejenigen seiner Verrichtungen, die aus einer solchen Handlung herfließen, ausschließungsweise seine *Taten*. Er kann also, daß er eine Person ist, bloß durch seine Taten beweisen.

Die Bildung des Tiers drückt nicht nur den Begriff seiner Bestimmung, sondern auch das Verhältnis seines gegenwärtigen Zustandes zu dieser Bestimmung aus. Da nun bei dem Tiere die Natur die Bestimmung zugleich gibt und erfüllt, so kann die Bildung des Tiers nie etwas anders als das Werk der Natur ausdrücken.

Da die Natur dem Menschen zwar die Bestimmung gibt, aber die Erfüllung derselben in seinen Willen stellt, so kann das gegenwärtige Verhältnis seines Zustandes zu seiner Bestimmung nicht Werk der Natur, sondern muß sein eigenes Werk sein. Der Ausdruck dieses Verhältnisses in seiner Bildung gehört also nicht der Natur, sondern ihm selbst an, das ist, es ist ein persönlicher Ausdruck. Wenn wir also aus dem architektonischen Teil seiner Bildung erfahren, was die *Natur* mit ihm beabsichtet hat, so erfahren wir aus dem mimischen Teil derselben, was *er selbst* zu Erfüllung dieser Absicht getan hat.

Bei der Gestalt des Menschen begnügen wir uns also nicht damit, daß sie uns bloß den allgemeinen Begriff der Menschheit, oder was etwa die Natur zu Erfüllung desselben an diesem Individuum wirkte, vor Augen stelle, denn das würde er mit jeder technischen Bildung gemein haben. Wir erwarten noch von seiner Gestalt, daß sie uns zugleich offenbare, inwieweit er in seiner Freiheit dem Naturzweck entgegenkam, d. i. daß sie Charakter zeige. In dem erstern Fall sieht man wohl,

daß die Natur es mit ihm auf einen Menschen anlegte; aber nur aus dem zweiten ergibt sich, ob er es wirklich geworden ist.
Die Bildung eines Menschen ist also nur insoweit seine Bildung, als sie mimisch ist; aber auch soweit sie mimisch ist, ist sie sein. Denn, wenngleich der größere Teil dieser mimischen Züge, ja wenngleich alle bloßer Ausdruck der Sinnlichkeit wären und ihm also schon als bloßem Tiere zukommen könnten, so war er bestimmt und fähig, die Sinnlichkeit durch seine Freiheit einzuschränken. Die Gegenwart solcher Züge beweist also den Nichtgebrauch jener Fähigkeit und die Nichterfüllung jener Bestimmung; ist also ebenso gewiß moralisch sprechend, als die Unterlassung einer Handlung, welche die Pflicht gebietet, eine Handlung ist.
Von den sprechenden Zügen, die immer ein Ausdruck der Seele sind, muß man die stummen Züge unterscheiden, die bloß die plastische Natur, insofern sie von jedem Einfluß der Seele unabhängig wirkt, in die menschliche Bildung zeichnet. Ich nenne diese Züge *stumm*, weil sie als unverständliche Chiffern der Natur von dem Charakter schweigen. Sie zeigen bloß die Eigentümlichkeit der Natur im Vortrag der Gattung und reichen oft für sich allein schon hin, das *Individuum* zu unterscheiden, aber von der *Person* können sie nie etwas offenbaren. Für den Physiognomen sind diese stummen Züge keineswegs bedeutungsleer, weil der Physiognome nicht bloß wissen will, was der Mensch selbst aus sich gemacht, sondern auch, was die Natur für und gegen ihn getan hat.
Es ist nicht so leicht, die Grenzen anzugeben, wo die stummen Züge aufhören und die sprechenden beginnen. Die gleichförmig wirkende Bildungskraft und der gesetzlose Affekt streiten unaufhörlich um ihr Gebiet; und was die Natur mit unermüdeter stiller Tätigkeit erbaute, wird oft wieder umgerissen von der Freiheit, die gleich einem anschwellenden Strome über ihre Ufer

tritt. Ein reger Geist verschafft sich auf alle körperlichen Bewegungen Einfluß und kommt zuletzt mittelbar dahin, auch selbst die festen Formen der Natur, die dem Willen unerreichbar sind, durch die Macht des sympathetischen Spiels zu verändern. An einem solchen Menschen wird endlich alles Charakterzug, wie wir an manchen Köpfen finden, die ein langes Leben, außerordentliche Schicksale und ein tätiger Geist völlig durchgearbeitet haben. Der plastischen Natur gehört an solchen Formen nur das Generische, die ganze Individualität der Ausführung aber der Person an; daher sagt man sehr richtig, daß an einer solchen Gestalt alles Seele sei.

Dagegen zeigen uns jene zugestutzten Zöglinge der Regel (die zwar die Sinnlichkeit zur Ruhe bringen, aber die Menschheit nicht wecken kann) in ihrer flachen und ausdruckslosen Bildung überall nichts als den Finger der Natur. Die geschäftlose Seele ist ein bescheidener Gast in ihrem Körper und ein friedlicher stiller Nachbar der sich selbst überlassenen Bildungskraft. Kein anstrengender Gedanke, keine Leidenschaft greift in den ruhigen Takt des physischen Lebens; nie wird der Bau durch das Spiel in Gefahr gesetzt, nie die Vegetation durch die Freiheit beunruhigt. Da die tiefe Ruhe des Geistes keine beträchtliche Konsumtion der Kräfte verursacht, so wird die Ausgabe nie die Einnahme übersteigen, vielmehr die tierische Ökonomie immer Überschuß haben. Für den schmalen Gehalt von Glückseligkeit, den sie ihm auswirft, macht der Geist den pünktlichen Hausverwalter der Natur, und sein ganzer Ruhm ist, ihr Buch in Ordnung zu halten. Geleistet wird also werden, was die Organisation immer leisten kann, und florieren wird das Geschäft der Ernährung und Zeugung. Ein so glückliches Einverständnis zwischen der Naturnotwendigkeit und der Freiheit kann der architektonischen Schönheit nicht anders als günstig sein, und hier ist es auch, wo sie in ihrer ganzen

Reinheit kann beobachtet werden. Aber die allgemeinen Naturkräfte führen, wie man weiß, einen ewigen Krieg mit den besondern, oder den organischen, und die kunstreichste Technik wird endlich von der Kohäsion und Schwerkraft bezwungen. Daher hat auch die Schönheit des Baues, als bloßes Naturprodukt, ihre bestimmten Perioden der Blüte, der Reife und des Verfalles, die das Spiel zwar beschleunigen, aber niemals verzögern kann; und ihr gewöhnliches Ende ist, daß die *Masse* allmählich über die *Form* Meister wird und der lebendige Bildungstrieb in dem aufgespeicherten Stoff sich sein eigenes Grab bereitet*.

* Daher man auch mehrenteils finden wird, daß solche Schönheiten des Baues sich schon im mittlern Alter durch Obesität sehr merklich vergröbern; daß, anstatt jener kaum angedeuteten zarten Lineamente der Haut, sich Gruben einsenken und wurstförmige Falten aufwerfen, daß das Gewicht unvermerkt auf die Form Einfluß bekömmt und das reizende mannigfache Spiel schöner Linien auf der Oberfläche sich in einem gleichförmig schwellenden Polster von Fette verliert. Die Natur nimmt wieder, was sie gegeben hat.
Ich bemerke beiläufig, daß etwas Ähnliches zuweilen mit dem Genie vorgeht, welches überhaupt in seinem Ursprunge, wie in seinen Wirkungen, mit der architektonischen Schönheit vieles gemein hat. Wie diese, so ist auch jenes ein bloßes Naturerzeugnis, und nach der verkehrten Denkart der Menschen, die, was nach keiner Vorschrift nachzuahmen und durch kein Verdienst zu erringen ist, gerade am höchsten schätzen, wird die Schönheit mehr als der Reiz, das Genie mehr als erworbene Kraft des Geistes bewundert. Beide Günstlinge der Natur werden bei allen ihren Unarten (wodurch sie nicht selten ein Gegenstand verdienter Verachtung sind) als ein gewisser Geburtsadel, als eine höhere Kaste betrachtet, weil ihre Vorzüge von Naturbedingungen abhängig sind und daher über alle Wahl hinaus liegen.
Aber wie es der architektonischen Schönheit ergeht, wenn sie nicht zeitig dafür Sorge trägt, sich an der Grazie eine Stütze und eine Stellvertreterin heranzuziehen, ebenso ergeht es auch dem Genie, wenn es sich durch Grundsätze, Geschmack und Wissenschaft zu stärken verabsäumt. War seine ganze Ausstattung eine lebhafte und blühende Einbildungskraft (und die Natur kann nicht wohl andre als sinnliche Vorzüge erteilen), so mag es beizeiten darauf denken, sich dieses zweideutigen Geschenks durch den einzigen Gebrauch zu versichern, wodurch Naturgaben Besitzungen des Geistes werden können: dadurch, meine ich, daß es der Materie

Ob indessen gleich kein einzelner stummer Zug Ausdruck des Geistes ist, so ist eine solche stumme Bildung doch im ganzen charakteristisch; und zwar aus eben dem Grunde, warum eine sinnlich sprechende es ist. Der Geist nämlich soll tätig sein und soll moralisch empfinden; und also zeugt es von seiner Schuld, wenn seine Bildung davon keine Spuren aufweist. Wenn uns also gleich der reine und schöne Ausdruck seiner Bestimmung in der Architektur seiner Gestalt mit Wohlgefallen und mit Ehrfurcht gegen die höchste Vernunft, als ihre Ursache, erfüllt, so werden beide Empfindungen nur so lange ungemischt bleiben, als er uns bloße Naturerzeugung ist. Denken wir ihn uns aber als moralische Person, so sind wir berechtigt, einen Ausdruck derselben in seiner Gestalt zu erwarten, und schlägt diese Erwartung fehl, so wird Verachtung unausbleiblich erfolgen. Bloß organische Wesen sind uns ehrwürdig als Geschöpfe, der Mensch aber kann es uns nur als Schöpfer (d. i. als Selbsturheber seines Zustandes) sein.

Form erteilt; denn der Geist kann nichts, als was Form ist, sein eigen nennen. Durch keine verhältnismäßige Kraft der Vernunft beherrscht, wird die wild aufgeschossene üppige Naturkraft über die Freiheit des Verstandes hinauswachsen und sie ebenso ersticken, wie bei der architektonischen Schönheit die Masse endlich die Form unterdrückt.

Die Erfahrung, denke ich, liefert hievon reichlich Belege, besonders an denjenigen Dichtergenien, die früher berühmt werden, als sie mündig sind, und wo, wie bei mancher Schönheit, das ganze Talent oft die Jugend ist. Ist aber der kurze Frühling vorbei, und fragt man nach den Früchten, die er hoffen ließ, so sind es schwammige und oft verkrüppelte Geburten, die ein mißgeleiteter blinder Bildungstrieb erzeugte. Gerade da, wo man erwarten kann, daß der Stoff sich zur Form veredelt und der bildende Geist in der Anschauung Ideen niedergelegt habe, sind sie, wie jedes andre Naturprodukt, der Materie anheimgefallen, und die vielversprechenden Meteore erscheinen als ganz gewöhnliche Lichter – wo nicht gar als noch etwas weniger. Denn die poetisierende Einbildungskraft sinkt zuweilen auch ganz zu dem Stoff zurück, aus dem sie sich losgewickelt hatte, und verschmäht es nicht, der Natur bei einem andern solidern Bildungswerk zu dienen, wenn es ihr mit der poetischen Zeugung nicht recht mehr gelingen will.

Er soll nicht bloß, wie die übrigen Sinnenwesen, die Strahlen fremder Vernunft zurückwerfen, wenn es gleich die göttliche wäre, sondern er soll, gleich einem Sonnenkörper, von seinem eigenen Lichte glänzen.
Eine sprechende Bildung wird also von dem Menschen gefordert, sobald man sich seiner sittlichen Bestimmung bewußt wird; aber es muß zugleich eine Bildung sein, die zu seinem Vorteile spricht, d. i. die eine seiner Bestimmung gemäße Empfindungsart, eine moralische Fertigkeit ausdrückt. Diese Anforderung macht die Vernunft an die Menschenbildung.
Der Mensch ist aber als Erscheinung zugleich Gegenstand des Sinnes. Wo das *moralische* Gefühl Befriedigung findet, da will das *ästhetische* nicht verkürzt sein, und die Übereinstimmung mit einer Idee darf in der Erscheinung kein Opfer kosten. So streng also auch immer die Vernunft einen Ausdruck der Sittlichkeit fordert, so unnachlaßlich fordert das Auge Schönheit. Da diese beiden Forderungen an dasselbe Objekt, obgleich von verschiedenen Instanzen der Beurteilung, ergehen, so muß auch durch eine und dieselbe Ursache für beider Befriedigung gesorgt sein. Diejenige Gemütsverfassung des Menschen, wodurch er am fähigsten wird, seine Bestimmung als moralische Person zu erfüllen, muß einen solchen Ausdruck gestatten, der ihm auch, als bloßer Erscheinung, am vorteilhaftesten ist. Mit andern Worten: seine sittliche Fertigkeit muß sich durch Grazie offenbaren.
Hier ist es nun, wo die große Schwierigkeit eintritt. Schon aus dem Begriff moralisch sprechender Bewegungen ergibt sich, daß sie eine moralische Ursache haben müssen, die über die Sinnenwelt hinaus liegt; ebenso ergibt sich aus dem Begriffe der Schönheit, daß sie keine andre als sinnliche Ursache habe und ein völlig freier Natureffekt sein oder doch so erscheinen müsse. Wenn aber der letzte Grund moralisch sprechender Bewegungen notwendig außerhalb, der letzte Grund der

Schönheit ebenso notwendig innerhalb der Sinnenwelt liegt, so scheint die Grazie, welche beides verbinden soll, einen offenbaren Widerspruch zu enthalten.

Um ihn zu heben, wird man also annehmen müssen, »daß die moralische Ursache im Gemüte, die der Grazie zum Grunde liegt, in der von ihr abhängenden Sinnlichkeit gerade denjenigen Zustand notwendig hervorbringe, der die Naturbedingungen des Schönen in sich enthält«. Das Schöne setzt nämlich, wie sich von allem Sinnlichen versteht, gewisse Bedingungen und, insofern es das Schöne ist, auch bloß sinnliche Bedingungen voraus. Daß nun der Geist (nach einem Gesetz, das wir nicht ergründen können) durch den Zustand, worin er sich selbst befindet, der ihn begleitenden Natur den ihrigen vorschreibt und daß der Zustand moralischer Fertigkeit in ihm gerade derjenige ist, durch den die sinnlichen Bedingungen des Schönen in Erfüllung gebracht werden, dadurch macht er das Schöne *möglich*, und das allein ist *seine* Handlung. Daß aber *wirklich* Schönheit daraus wird, das ist Folge jener sinnlichen Bedingungen, also freie Naturwirkung. Weil aber die Natur bei willkürlichen Bewegungen, wo sie als Mittel behandelt wird, um einen Zweck auszuführen, nicht wirklich frei heißen kann, und weil sie bei den unwillkürlichen Bewegungen, die das Moralische ausdrücken, wiederum nicht frei heißen kann, so ist die Freiheit, mit der sie sich in ihrer Abhängigkeit von dem Willen demungeachtet äußert, eine Zulassung von seiten des Geistes. Man kann also sagen, daß die Grazie eine Gunst sei, die das Sittliche dem Sinnlichen erzeigt, so wie die architektonische Schönheit als die Einwilligung der Natur zu ihrer technischen Form kann betrachtet werden.

Man erlaube mir, dies durch eine bildliche Vorstellung zu erläutern. Wenn ein monarchischer Staat auf eine solche Art verwaltet wird, daß, obgleich alles nach eines einzigen Willen geht, der einzelne Bürger sich doch überreden kann, daß er nach seinem eigenen Sinne lebe und bloß seiner Neigung gehorche, so nennt man dies eine liberale Regierung. Man würde aber großes Bedenken tragen, ihr diesen Namen zu geben, wenn entweder der Regent seinen Willen gegen die Neigung des Bürgers, oder der Bürger seine Neigung gegen den Willen des Regenten behauptete; denn in dem ersten Fall wäre die Regierung nicht *liberal*, in dem zweiten wäre sie gar nicht *Regierung*.

Es ist nicht schwer, die Anwendung davon auf die menschliche Bildung unter dem Regiment des Geistes zu machen. Wenn sich der Geist in der von ihm abhängenden sinnlichen Natur auf eine solche Art äußert, daß sie seinen Willen aufs treueste ausrichtet und seine Empfindungen auf das sprechendste ausdrückt, ohne doch gegen die Anforderungen zu verstoßen, welche der Sinn an sie, als an Erscheinungen, macht, so wird dasjenige entstehen, was man Anmut nennt. Man würde aber gleich weit entfernt sein, es Anmut zu nennen, wenn entweder der Geist sich in der Sinnlichkeit durch Zwang offenbarte oder wenn dem freien Effekt der Sinnlichkeit der Ausdruck des Geistes fehlte. Denn in dem ersten Fall wäre keine Schönheit vorhanden, in dem zweiten wäre es keine Schönheit des Spiels.

Es ist also immer nur der übersinnliche Grund im Gemüte, der die Grazie sprechend, und immer nur ein bloß sinnlicher Grund in der Natur, der sie schön macht. Es läßt sich ebensowenig sagen, daß der Geist die Schönheit *erzeuge*, als man im angeführten Fall von dem Herrscher sagen kann, daß er Freiheit *hervorbringe*; denn Freiheit kann man einem zwar lassen, aber nicht geben.

So wie aber doch der Grund, warum ein Volk unter dem Zwang eines fremden Willens sich frei fühlt, größtenteils in der Gesinnung des Herrschers liegt und eine entgegengesetzte Denkart des letztern jener Freiheit nicht sehr günstig sein würde, ebenso müssen wir auch die Schönheit der freien Bewegungen in der sittlichen Beschaffenheit des sie diktierenden Geistes aufsuchen. Und nun entsteht die Frage: was dies wohl für eine persönliche Beschaffenheit sein mag, die den sinnlichen Werkzeugen des Willens die größere Freiheit verstattet, und was für moralische Empfindungen sich am besten mit der Schönheit im Ausdruck vertragen?

So viel leuchtet ein, daß sich weder der Wille bei der absichtlichen, noch der Affekt bei der sympathetischen Bewegung gegen die von ihm abhängende Natur als eine Gewalt verhalten dürfe, wenn sie ihm mit Schönheit gehorchen soll. Schon das allgemeine Gefühl der Menschen macht die Leichtigkeit zum Hauptcharakter der Grazie, und was angestrengt wird, kann niemals Leichtigkeit zeigen. Ebenso leuchtet ein, daß auf der andern Seite die Natur sich gegen den Geist nicht als Gewalt verhalten dürfe, wenn ein schöner moralischer Ausdruck statthaben soll; denn wo die bloße Natur *herrscht*, da muß die Menschheit verschwinden.

Es lassen sich in allem dreierlei Verhältnisse denken, in welchen der Mensch zu sich selbst, d. i. sein sinnlicher Teil zu seinem vernünftigen, stehen kann. Unter diesen haben wir dasjenige aufzusuchen, welches ihn in der Erscheinung am besten kleidet und dessen Darstellung Schönheit ist.

Der Mensch unterdrückt entweder die Forderungen seiner sinnlichen Natur, um sich den höhern Forderungen seiner vernünftigen gemäß zu verhalten; oder er kehrt es um und ordnet den vernünftigen Teil seines Wesens dem sinnlichen unter und folgt also bloß dem Stoße, womit ihn die Naturnotwendigkeit gleich den andern Erscheinungen forttreibt; oder die Triebe des letztern setzen sich mit den Gesetzen des erstern in Harmonie, und der Mensch ist einig mit sich selbst.

Wenn sich der Mensch seiner reinen Selbständigkeit bewußt wird, so stößt er alles von sich, was sinnlich ist, und nur durch diese Absonderung von dem Stoffe gelangt er zum Gefühl seiner rationalen Freiheit. Dazu aber wird, weil die Sinnlichkeit hartnäckig und kraftvoll widersteht, von seiner Seite eine merkliche Gewalt und große Anstrengung erfordert, ohne welche es ihm unmöglich wäre, die Begierde von sich zu halten und den nachdrücklich sprechenden Instinkt zum Schweigen zu bringen. Der so gestimmte Geist läßt die von ihm abhängende Natur, sowohl da, wo sie im Dienst seines Willens handelt, als da, wo sie seinem Willen vorgreifen will, erfahren, daß er ihr Herr ist. Unter seiner strengen Zucht wird also die Sinnlichkeit unterdrückt erscheinen, und der innere Widerstand wird sich von außen durch Zwang verraten. Eine solche Verfassung des Gemüts kann also der Schönheit nicht günstig sein, welche die Natur nicht anders als in ihrer Freiheit hervorbringt, und es wird daher auch nicht Grazie sein können, wodurch die mit dem Stoffe kämpfende moralische Freiheit sich kenntlich macht.

Wenn hingegen der Mensch, unterjocht vom Bedürfnis, den Naturtrieb ungebunden über sich herrschen läßt, so verschwindet mit seiner innern Selbständigkeit auch jede Spur derselben in seiner Gestalt. Nur die Tierheit redet aus dem schwimmenden ersterbenden Auge, aus dem lüstern geöffneten Munde, aus der erstickten bebenden Stimme, aus dem kurzen geschwinden Atem, aus dem Zittern der Glieder, aus dem ganzen erschlaffenden Bau. Nachgelassen hat aller Widerstand der moralischen Kraft, und die Natur in ihm ist in volle Freiheit gesetzt. Aber eben dieser gänzliche Nachlaß der Selbsttätigkeit, der im Moment des sinnlichen Verlangens und noch mehr im Genuß zu erfolgen pflegt, setzt augenblicklich auch die rohe Materie in Freiheit, die durch das Gleichgewicht der tätigen und leidenden Kräfte bisher gebunden war. Die toten Naturkräfte fangen an, über die lebendigen der Organisation die Oberhand zu bekommen, die Form von der Masse, die Menschheit von gemeiner Natur unterdrückt zu werden. Das seelestrahlende Auge wird matt oder quillt auch gläsern und stier aus seiner Höhlung hervor, der feine Inkarnat der Wangen verdickt sich zu einer groben und gleichförmigen Tüncherfarbe, der Mund wird zur bloßen Öffnung, denn seine Form ist nicht mehr Folge der wirkenden, sondern der nachlassenden Kräfte, die Stimme und der seufzende Atem sind nichts als Hauche, wodurch die beschwerte Brust sich erleichtern will, und die nun bloß ein mechanisches Bedürfnis, keine Seele verraten. Mit einem Worte: bei *der* Freiheit, welche die Sinnlichkeit sich selbst nimmt, ist an keine Schönheit zu denken. Die Freiheit der Formen, die der sittliche Wille bloß *eingeschränkt* hatte, *überwältigt* der grobe Stoff, welcher stets so viel Feld gewinnt, als dem Willen entrissen wird.

Ein Mensch in diesem Zustand empört nicht bloß den *moralischen* Sinn, der den Ausdruck der Menschheit unnachlaßlich fordert; auch der *ästhetische* Sinn, der sich nicht mit dem bloßen Stoffe befriedigt, sondern in der Form ein freies Vergnügen sucht, wird sich mit Ekel von einem solchen Anblick abwenden, bei welchem nur die Begierde ihre Rechnung finden kann.

Das erste dieser Verhältnisse zwischen beiden Naturen im Menschen erinnert an eine Monarchie, wo die strenge Aufsicht des Herrschers jede freie Regung im Zaum hält; das zweite an eine wilde Ochlokratie, wo der Bürger durch Aufkündigung des Gehorsams gegen den rechtmäßigen Oberherrn so wenig frei, als die menschliche Bildung durch Unterdrückung der moralischen Selbsttätigkeit schön wird, vielmehr nur dem brutaleren Despotismus der untersten Klassen, wie hier die Form der Masse, anheimfällt. So wie die Freiheit zwischen dem gesetzlichen Druck und der Anarchie mitten inne liegt, so werden wir jetzt auch die Schönheit zwischen der *Würde*, als dem Ausdruck des herrschenden Geistes, und der *Wollust*, als dem Ausdruck des herrschenden Triebes, in der Mitte finden.

Wenn nämlich weder die über die Sinnlichkeit herrschende Vernunft noch die über die Vernunft herrschende Sinnlichkeit sich mit Schönheit des Ausdrucks vertragen, so wird (denn es gibt keinen vierten Fall), so wird derjenige Zustand des Gemüts, wo Vernunft und Sinnlichkeit – Pflicht und Neigung zusammenstimmen, die Bedingung sein, unter der die Schönheit des Spiels erfolgt.

Um ein Objekt der Neigung werden zu können, muß der Gehorsam gegen die Vernunft einen Grund des Vergnügens abgeben, denn nur durch Lust und Schmerz wird der Trieb in Bewegung gesetzt. In der gewöhnlichen Erfahrung ist es zwar umgekehrt, und das Vergnügen ist der Grund, warum man vernünftig handelt. Daß die Moral selbst endlich aufgehört hat, diese Sprache zu reden, hat man dem unsterblichen Verfasser der Kritik zu verdanken, dem der Ruhm gebührt, die gesunde Vernunft aus der philosophierenden wieder hergestellt zu haben.

Aber so wie die Grundsätze dieses Weltweisen von ihm selbst und auch von andern pflegen vorgestellt zu werden, so ist die Neigung eine sehr zweideutige Gefährtin des Sittengefühls, und das Vergnügen eine bedenkliche Zugabe zu moralischen Bestimmungen. Wenn der Glückseligkeitstrieb auch keine blinde Herrschaft über den Menschen behauptet, so wird er doch bei dem sittlichen Wahlgeschäfte gerne mitsprechen wollen und so der Reinheit des Willens schaden, der immer nur dem Gesetze und nie dem Triebe folgen soll. Um also völlig sicher zu sein, daß die Neigung nicht *mit* bestimmte, sieht man sie lieber im Krieg als im Einverständnis mit dem Vernunftgesetze, weil es gar zu leicht sein kann, daß ihre Fürsprache allein ihm seine Macht über den Willen verschaffte. Denn da es beim Sittlichhandeln nicht auf die Gesetzmäßigkeit der Taten, sondern einzig nur auf die Pflichtmäßigkeit der Gesinnungen ankommt, so legt man mit Recht keinen Wert auf die Betrachtung, daß es für die erste gewöhnlich vorteilhafter sei, wenn sich die Neigung auf seiten der Pflicht befindet. So viel scheint also wohl gewiß zu sein, daß der Beifall der Sinnlichkeit, wenn er die Pflichtmäßigkeit des Willens auch nicht verdächtig macht, doch wenigstens nicht imstand ist, sie zu verbürgen. Der sinnliche Ausdruck dieses Beifalls in der Grazie wird also für die Sittlichkeit der Handlung, bei der er angetroffen wird, nie ein hinreichendes und gültiges Zeugnis ablegen, und aus dem schönen Vortrag einer Gesinnung oder Handlung wird man nie ihren moralischen Wert erfahren.

Bis hieher glaube ich mit den Rigoristen der Moral vollkommen einstimmig zu sein; aber ich hoffe dadurch noch nicht zum Latitudinarier zu werden, daß ich die Ansprüche der Sinnlichkeit, die im Felde der reinen Vernunft und bei der moralischen Gesetzgebung völlig zurückgewiesen sind, im Feld der Erscheinung und bei der wirklichen Ausübung der Sittenpflicht noch zu behaupten versuche.

So gewiß ich nämlich überzeugt bin – und eben darum, weil ich es bin –, daß der Anteil der Neigung an einer freien Handlung für die reine Pflichtmäßigkeit dieser Handlung nichts beweist, so glaube ich eben daraus folgern zu können, daß die sittliche Vollkommenheit des Menschen gerade nur aus diesem Anteil seiner Neigung an seinem moralischen Handeln erhellen kann. Der Mensch nämlich ist nicht dazu bestimmt, einzelne sittliche Handlungen zu verrichten, sondern ein sittliches Wesen zu sein. Nicht Tugenden, sondern *die* Tugend ist seine Vorschrift, und Tugend ist nichts anders »als eine Neigung zu der Pflicht«. Wie sehr also auch Handlungen aus Neigung und Handlungen aus Pflicht in objektivem Sinne einander entgegenstehen, so ist dies doch in subjektivem Sinn nicht also, und der Mensch *darf* nicht nur, sondern *soll* Lust und Pflicht in Verbindung bringen; er soll seiner Vernunft mit Freuden gehorchen. Nicht um sie wie eine Last wegzuwerfen oder wie eine grobe Hülle von sich abzustreifen, nein, um sie aufs innigste mit seinem höhern Selbst zu vereinbaren, ist seiner reinen Geisternatur eine sinnliche beigesellt. Dadurch schon, daß sie ihn zum vernünftig sinnlichen Wesen, d. i. zum Menschen machte, kündigte ihm die Natur die Verpflichtung an, nicht zu trennen, was sie verbunden hat, auch in den reinsten Äußerungen seines göttlichen Teiles den sinnlichen nicht hinter sich zu lassen und den Triumph des einen nicht auf Unterdrückung des andern zu gründen. Erst alsdann, wenn sie aus seiner gesamten Menschheit als die vereinigte Wirkung beider Prinzipien hervorquillt, wenn sie ihm zur Natur geworden ist, ist seine sittliche Denkart geborgen, denn so lange der sittliche Geist noch Gewalt anwendet, so muß der Naturtrieb ihm noch Macht entgegenzusetzen haben. Der bloß *niedergeworfene* Feind kann wieder aufstehen, aber der *versöhnte* ist wahrhaft überwunden.

In der Kantischen Moralphilosophie ist die Idee der *Pflicht* mit einer Härte vorgetragen, die alle Grazien davon zurückschreckt und einen schwachen Verstand leicht versuchen könnte, auf dem Wege einer finstern und mönchischen Asketik die moralische Vollkommenheit zu suchen. Wie sehr sich auch der große Weltweise gegen diese Mißdeutung zu verwahren suchte, die seinem heitern und freien Geist unter allen gerade die empörendste sein muß, so hat er, deucht mir, doch selbst durch die strenge und grelle Entgegensetzung beider auf den Willen des Menschen wirkenden Prinzipien einen starken (obgleich bei seiner Absicht vielleicht kaum zu vermeidenden) Anlaß dazu gegeben. Über die Sache selbst kann, nach den von ihm geführten Beweisen, unter denkenden Köpfen, die überzeugt sein wollen, kein Streit mehr sein, und ich wüßte kaum, wie man nicht lieber sein ganzes Menschsein aufgeben, als über diese Angelegenheit ein anderes Resultat von der

Vernunft erhalten wollte. Aber so rein er bei *Untersuchung* der Wahrheit zu Werke ging, und sosehr sich hier alles aus bloß objektiven Gründen erklärt, so scheint ihn doch in *Darstellung* der gefundenen Wahrheit eine mehr subjektive Maxime geleitet zu haben, die, wie ich glaube, aus den Zeitumständen nicht schwer zu erklären ist.

So wie er nämlich die Moral seiner Zeit, im Systeme und in der Ausübung, vor sich fand, so mußte ihn auf der einen Seite ein grober Materialismus in den moralischen Prinzipien empören, den die unwürdige Gefälligkeit der Philosophen dem schlaffen Zeitcharakter zum Kopfkissen untergelegt hatte. Auf der andern Seite mußte ein nicht weniger bedenklicher Perfektionsgrundsatz, der, um eine abstrakte Idee von allgemeiner Weltvollkommenheit zu realisieren, über die Wahl der Mittel nicht sehr verlegen war, seine Aufmerksamkeit erregen. Er richtete also dahin, wo die Gefahr am meisten erklärt und die Reform am dringendsten war, die stärkste Kraft seiner Gründe und machte es sich zum Gesetze, die Sinnlichkeit sowohl da, wo sie mit frecher Stirne dem Sittengefühl hohnspricht, als in der imposanten Hülle moralisch löblicher Zwecke, worein besonders ein gewisser enthusiastischer Ordensgeist sie zu verstecken weiß, ohne Nachsicht zu verfolgen. Er hatte nicht die Unwissenheit zu belehren, sondern die Verkehrtheit zurechtzuweisen. Erschütterung forderte die Kur, nicht Einschmeichelung und Überredung; und je härter der Abstich war, den der Grundsatz der Wahrheit mit den herrschenden Maximen machte, desto mehr konnte er hoffen, Nachdenken darüber zu erregen. Er ward der Drako seiner Zeit, weil sie ihm eines Solons noch nicht wert und empfänglich schien. Aus dem Sanktuarium der reinen Vernunft brachte er das fremde und doch wieder so bekannte Moralgesetz, stellte es in seiner ganzen Heiligkeit aus vor dem entwürdigten Jahrhundert und fragte wenig darnach, ob es Augen gibt, die seinen Glanz nicht vertragen.

Womit aber hatten es die Kinder des Hauses verschuldet, daß er nur für die Knechte sorgte? Weil oft sehr unreine Neigungen den Namen der Tugend usurpieren, mußte darum auch der uneigennützige Affekt in der edelsten Brust verdächtig gemacht werden? Weil der moralische Weichling dem Gesetz der Vernunft gern eine Laxität geben möchte, die es zum Spielwerk seiner Konvenienz macht, mußte ihm darum eine Rigidität beigelegt werden, die die kraftvollste Äußerung moralischer Freiheit nur in eine rühmlichere Art von Knechtschaft verwandelt? Denn hat wohl der wahrhaft sittliche Mensch eine freiere Wahl zwischen Selbstachtung und Selbstverwerfung als der Sinnensklave zwischen Vergnügen und Schmerz? Ist dort etwa weniger Zwang für den reinen Willen als hier für den verdorbenen? Mußte schon durch die imperative Form des Moralgesetzes die Menschheit angeklagt und erniedrigt werden und das erhabenste Dokument ihrer Größe zugleich die Urkunde ihrer Gebrechlichkeit sein? War es wohl bei dieser imperativen Form zu vermeiden, daß eine Vorschrift, die sich der Mensch als Vernunftwesen selbst gibt, die deswegen allein für ihn bindend und dadurch allein mit seinem Freiheitsgefühle verträglich ist, nicht den Schein eines fremden und positiven Gesetzes annahm – einen Schein, der durch seinen radikalen Hang, demselben entgegen zu handeln (wie man ihm schuld gibt), schwerlich vermindert werden dürfte!*

Es ist für moralische Wahrheiten gewiß nicht vorteilhaft, Empfindungen *gegen* sich zu haben, die der Mensch ohne Erröten sich gestehen darf. Wie sollen sich aber die Empfindungen der Schönheit und Freiheit mit

---

* Siehe das Glaubensbekenntnis des V[erfassers] d[er] K[ritik] von der menschlichen Natur in seiner neuesten Schrift: *Die Offenbarung in den Grenzen der Vernunft.* Erster Abschnitt.

dem austeren Geist eines Gesetzes vertragen, das ihn mehr durch Furcht als durch Zuversicht leitet, das ihn, den die Natur doch vereinigte, stets zu vereinzeln strebt, und nur dadurch, daß es ihm Mißtrauen gegen den einen Teil seines Wesens erweckt, sich der Herrschaft über den andern versichert? Die menschliche Natur ist ein verbundeneres Ganze in der Wirklichkeit, als es dem Philosophen, der nur durch Trennen was vermag, erlaubt ist, sie erscheinen zu lassen. Nimmermehr kann die Vernunft Affekte als ihrer unwert verwerfen, die das Herz mit Freudigkeit bekennt, und der Mensch da, wo er moralisch gesunken wäre, nicht wohl in seiner eigenen Achtung steigen. Wäre die sinnliche Natur im Sittlichen immer nur die unterdrückte und nie die mitwirkende Partei, wie könnte sie das ganze Feuer ihrer Gefühle zu einem Triumph hergeben, der über sie selbst gefeiert wird? Wie könnte sie eine so lebhafte Teilnehmerin an dem Selbstbewußtsein des reinen Geistes sein, wenn sie sich nicht endlich so innig an ihn anschließen könnte, daß selbst der analytische Verstand sie nicht ohne Gewalttätigkeit mehr von ihm trennen kann?

Der Wille hat ohnehin einen unmittelbarern Zusammenhang mit dem Vermögen der Empfindungen als dem der Erkenntnis, und es wäre in manchen Fällen schlimm, wenn er sich bei der reinen Vernunft erst orientieren müßte. Es erweckt mir kein gutes Vorurteil für einen Menschen, wenn er der Stimme des Triebes so wenig trauen darf, daß er gezwungen ist, ihn jedesmal erst vor dem Grundsatze der Moral abzuhören; vielmehr achtet man ihn hoch, wenn er sich demselben ohne Gefahr, durch ihn mißgeleitet zu werden, mit einer gewissen Sicherheit vertraut. Denn das beweist, daß beide Prinzipien in ihm sich schon in derjenigen Übereinstimmung befinden, welche das Siegel der vollendeten Menschheit und dasjenige ist, was man unter einer *schönen Seele* verstehet.

Eine schöne Seele nennt man es, wenn sich das sittliche Gefühl aller Empfindungen des Menschen endlich bis zu dem Grad versichert hat, daß es dem Affekt die Leitung des Willens ohne Scheu überlassen darf und nie Gefahr läuft, mit den Entscheidungen desselben im Widerspruch zu stehen. Daher sind bei einer schönen Seele die einzelnen Handlungen eigentlich nicht sittlich, sondern der ganze Charakter ist es. Man kann ihr auch keine einzige darunter zum Verdienst anrechnen, weil eine Befriedigung des Triebes nie verdienstlich heißen kann. Die schöne Seele hat kein andres Verdienst, als daß sie ist. Mit einer Leichtigkeit, als wenn bloß der Instinkt aus ihr handelte, übt sie der Menschheit peinlichste Pflichten aus, und das heldenmütigste Opfer, das sie dem Naturtriebe abgewinnt, fällt wie eine freiwillige Wirkung eben dieses Triebes in die Augen. Daher weiß sie selbst auch niemals um die Schönheit ihres Handelns, und es fällt ihr nicht mehr ein, daß man anders handeln und empfinden könnte; dagegen ein schulgerechter Zögling der Sittenregel, so wie das Wort des Meisters ihn fordert, jeden Augenblick bereit sein wird, vom Verhältnis seiner Handlungen zum Gesetz die strengste Rechnung abzulegen. Das Leben des letztern wird einer Zeichnung gleichen, worin man die Regel durch harte Striche angedeutet sieht und an der allenfalls ein Lehrling die Prinzipien der Kunst lernen könnte. Aber in einem schönen Leben sind, wie in einem Tizianischen Gemälde, alle jene schneidenden Grenzlinien verschwunden, und doch tritt die ganze Gestalt nur desto wahrer, lebendiger, harmonischer hervor.
In einer schönen Seele ist es also, wo Sinnlichkeit und Vernunft, Pflicht und Neigung harmonieren, und Grazie ist ihr Ausdruck in der Erscheinung. Nur im Dienst einer schönen Seele kann die Natur zugleich Freiheit besitzen und ihre Form bewahren, da sie erstere unter der Herrschaft eines strengen Gemüts, letztere unter

der Anarchie der Sinnlichkeit einbüßt. Eine schöne Seele gießt auch über eine Bildung, der es an architektonischer Schönheit mangelt, eine unwiderstehliche Grazie aus, und oft sieht man sie selbst über Gebrechen der Natur triumphieren. Alle Bewegungen, die von ihr ausgehen, werden leicht, sanft und dennoch belebt sein. Heiter und frei wird das Auge strahlen, und Empfindung wird in demselben glänzen. Von der Sanftmut des Herzens wird der Mund eine Grazie erhalten, die keine Verstellung erkünsteln kann. Keine Spannung wird in den Mienen, kein Zwang in den willkürlichen Bewegungen zu bemerken sein, denn die Seele weiß von keinem. Musik wird die Stimme sein und mit dem reinen Strom ihrer Modulationen das Herz bewegen. Die architektonische Schönheit kann Wohlgefallen, kann Bewunderung, kann Erstaunen erregen, aber nur die Anmut wird hinreißen. Die Schönheit hat Anbeter; Liebhaber hat nur die Grazie; denn wir huldigen dem Schöpfer und lieben den Menschen.

Man wird, im ganzen genommen, die Anmut mehr bei dem weiblichen Geschlecht (die Schönheit vielleicht mehr bei dem männlichen) finden, wovon die Ursache nicht weit zu suchen ist. Zur Anmut muß sowohl der körperliche Bau als der Charakter beitragen; jener durch seine Biegsamkeit, Eindrücke anzunehmen und ins Spiel gesetzt zu werden, dieser durch die sittliche Harmonie der Gefühle. In beidem war die Natur dem Weibe günstiger als dem Manne.

Der zärtere weibliche Bau empfängt jeden Eindruck schneller und läßt ihn schneller wieder verschwinden. Feste Konstitutionen kommen nur durch einen Sturm in Bewegung, und wenn starke Muskeln angezogen werden, so können sie die Leichtigkeit nicht zeigen, die zur Grazie erfordert wird. Was in einem weiblichen Gesicht noch schöne Empfindsamkeit ist, würde in einem männlichen schon Leiden ausdrücken. Die zarte Fiber des Weibes neigt sich wie dünnes Schilfrohr unter

dem leisesten Hauch des Affekts. In leichten und lieblichen Wellen gleitet die Seele über das sprechende Angesicht, das sich bald wieder zu einem ruhigen Spiegel ebnet.
Auch der Beitrag, den die Seele zu der Grazie geben muß, kann bei dem Weibe leichter als bei dem Manne erfüllt werden. Selten wird sich der weibliche Charakter zu der höchsten Idee sittlicher Reinheit erheben und es selten weiter als zu affektionierten Handlungen bringen. Er wird der Sinnlichkeit oft mit heroischer Stärke, aber nur *durch* die Sinnlichkeit widerstehen. Weil nun die Sittlichkeit des Weibes gewöhnlich auf seiten der Neigung ist, so wird es sich in der Erscheinung ebenso ausnehmen, als wenn die Neigung auf seiten der Sittlichkeit wäre. Anmut wird also der Ausdruck der weiblichen Tugend sein, der sehr oft der männlichen fehlen dürfte.

Würde

So wie die Anmut der Ausdruck einer schönen Seele ist, so ist Würde der Ausdruck einer erhabenen Gesinnung.
Es ist dem Menschen zwar aufgegeben, eine innige Übereinstimmung zwischen seinen beiden Naturen zu stiften, immer ein harmonierendes Ganze zu sein und mit seiner vollstimmigen ganzen Menschheit zu handeln. Aber diese Charakterschönheit, die reifste Frucht seiner Humanität, ist bloß eine Idee, welcher gemäß zu werden er mit anhaltender Wachsamkeit streben, aber die er bei aller Anstrengung nie ganz erreichen kann.
Der Grund, warum er es nicht kann, ist die unveränderliche Einrichtung seiner Natur; es sind die physischen Bedingungen seines Daseins selbst, die ihn daran verhindern.
Um nämlich seine Existenz in der Sinnenwelt, die von Naturbedingungen abhängt, sicherzustellen, mußte der

Mensch, da er als ein Wesen, das sich nach Willkür verändern kann, für seine Erhaltung selbst zu sorgen hat, zu Handlungen vermocht werden, wodurch jene physischen Bedingungen seines Daseins erfüllt und, wenn sie aufgehoben sind, wieder hergestellt werden können. Obgleich aber die Natur diese Sorge, die sie in ihren vegetabilischen Erzeugungen ganz allein über sich nimmt, ihm selbst übergeben mußte, so durfte doch die Befriedigung eines so dringenden Bedürfnisses, wo es sein und seines Geschlechts ganzes Dasein gilt, seiner ungewissen Einsicht nicht anvertraut werden. Sie zog also diese Angelegenheit, die dem Inhalte nach in ihr Gebiet gehört, auch der Form nach in dasselbe, indem sie in die Bestimmungen der Willkür Notwendigkeit legte. So entstand der Naturtrieb, der nichts anders ist als eine Naturnotwendigkeit durch das Medium der Empfindung.

Der Naturtrieb bestürmt das Empfindungsvermögen durch die gedoppelte Macht von Schmerz und Vergnügen; durch Schmerz, wo er Befriedigung fordert, durch Vergnügen, wo er sie findet.

Da einer Naturnotwendigkeit nichts abzudingen ist, so muß auch der Mensch, seiner Freiheit ungeachtet, empfinden, was die Natur ihn empfinden lassen will, und je nachdem die Empfindung Schmerz oder Lust ist, so muß bei ihm ebenso unabänderlich Verabscheuung oder Begierde erfolgen. In diesem Punkte steht er dem Tiere vollkommen gleich, und der starkmütigste Stoiker fühlt den Hunger ebenso empfindlich und verabscheut ihn ebenso lebhaft als der Wurm zu seinen Füßen.

Jetzt aber fängt der große Unterschied an. Auf die Begierde und Verabscheuung erfolgt bei dem Tiere ebenso notwendig Handlung, als Begierde auf Empfindung und Empfindung auf den äußern Eindruck erfolgte. Es ist hier eine stetig fortlaufende Kette, wo jeder Ring notwendig in den andern greift. Bei dem Menschen ist

noch eine Instanz mehr, nämlich der *Wille*, der als ein übersinnliches Vermögen weder dem Gesetz der Natur noch dem der Vernunft so unterworfen ist, daß ihm nicht vollkommen freie Wahl bliebe, sich entweder nach diesem oder nach jenem zu richten. Das Tier *muß* streben, den Schmerz los zu sein; der Mensch kann sich entschließen, ihn zu behalten.
Der Wille des Menschen ist ein erhabener Begriff, auch dann, wenn man auf seinen moralischen Gebrauch nicht achtet. Schon der *bloße* Wille erhebt den Menschen über die Tierheit; der *moralische* erhebt ihn zur Gottheit. Er muß aber jene zuvor verlassen haben, eh' er sich dieser nähern kann; daher ist es kein geringer Schritt zur moralischen Freiheit des Willens, durch Brechung der Naturnotwendigkeit in sich, auch in gleichgültigen Dingen, den bloßen Willen zu üben.
Die Gesetzgebung der Natur hat Bestand bis zum Willen, wo sie sich endigt und die vernünftige anfängt. Der Wille steht hier zwischen beiden Gerichtsbarkeiten, und es kommt ganz auf ihn selbst an, von welcher er das Gesetz empfangen will; aber er steht nicht in gleichem Verhältnis gegen beide. Als Naturkraft ist er gegen die eine wie gegen die andere frei; das heißt, er *muß* sich weder zu dieser noch zu jener schlagen. Er ist aber nicht frei als moralische Kraft, das heißt, er *soll* sich zu der vernünftigen schlagen. *Gebunden* ist er an keine, aber *verbunden* ist er dem Gesetz der Vernunft. Er gebraucht also seine Freiheit wirklich, wenn er gleich der Vernunft widersprechend handelt, aber er gebraucht sie unwürdig, weil er ungeachtet seiner Freiheit doch nur innerhalb der Natur stehenbleibt und zu der Operation des bloßen Triebes gar keine Realität hinzutut; denn aus Begierde wollen heißt nur umständlicher begehren*.

---

* Man lese über diese Materie die aller Aufmerksamkeit würdige Theorie des Willens im zweiten Teil der Reinholdischen Briefe.

Die Gesetzgebung der Natur durch den Trieb kann mit der Gesetzgebung der Vernunft aus Prinzipien in Streit geraten, wenn der Trieb zu seiner Befriedigung eine Handlung fordert, die dem moralischen Grundsatz zuwiderläuft. In diesem Fall ist es unwandelbare Pflicht für den Willen, die Forderung der Natur dem Ausspruch der Vernunft nachzusetzen, da Naturgesetze nur bedingungsweise, Vernunftgesetze aber schlechterdings und unbedingt verbinden.

Aber die Natur behauptet mit Nachdruck ihre Rechte, und da sie niemals willkürlich fordert, so nimmt sie, unbefriedigt, auch keine Forderung zurück. Weil von der ersten Ursache an, wodurch sie in Bewegung gebracht wird, bis zu dem Willen, wo ihre Gesetzgebung aufhört, alles in ihr streng notwendig ist, so kann sie rückwärts nicht nachgeben, sondern muß vorwärts gegen den Willen drängen, bei dem die Befriedigung ihres Bedürfnisses steht. Zuweilen scheint es zwar, als ob sie sich ihren Weg verkürzte und, ohne zuvor ihr Gesuch vor den Willen zu bringen, unmittelbare Kausalität für die Handlung hätte, durch die ihrem Bedürfnisse abgeholfen wird. In einem solchen Falle, wo der Mensch dem Triebe nicht bloß freien Lauf *ließe*, sondern wo der Trieb diesen Lauf selbst *nähme*, würde der Mensch auch *nur* Tier sein; aber es ist sehr zu zweifeln, ob dieses jemals sein Fall sein kann, und wenn er es wirklich wäre, ob diese blinde Macht seines Triebes nicht ein Verbrechen seines Willens ist.

Das Begehrungsvermögen dringt also auf Befriedigung, und der Wille wird aufgefordert, ihm diese zu verschaffen. Aber der Wille soll seine Bestimmungsgründe von der Vernunft empfangen und nur nach demjenigen, was diese erlaubt oder vorschreibt, seine Entschließung fassen. Wendet sich nun der Wille wirklich an die Vernunft, ehe er das Verlangen des Triebes genehmigt, so handelt er sittlich; entscheidet er aber unmittelbar, so handelt er sinnlich*.

Sooft also die Natur eine Forderung macht und den Willen durch die blinde Gewalt des Affekts überraschen will, kommt es diesem zu, ihr so lange Stillstand zu gebieten, bis die Vernunft gesprochen hat. Ob der Ausspruch der Vernunft *für* oder *gegen* das Interesse der Sinnlichkeit ausfallen werde, das ist, was er jetzt noch nicht wissen kann; eben deswegen aber muß er dieses Verfahren in jedem Affekt ohne Unterschied beobachten und der Natur in jedem Falle, wo sie der anfangende Teil ist, die unmittelbare Kausalität versagen. Dadurch allein, daß er die Gewalt der Begierde bricht, die mit Vorschnelligkeit ihrer Befriedigung zueilt und die Instanz des Willens lieber ganz vorbeigehen möchte, zeigt der Mensch seine Selbständigkeit und beweist sich als ein moralisches Wesen, welches nie bloß begehren oder bloß verabscheuen, sondern seine Verabscheuung und Begierde jederzeit *wollen* muß.

Aber schon die bloße Anfrage bei der Vernunft ist eine Beeinträchtigung der Natur, die in ihrer eigenen Sache kompetente Richterin ist und ihre Aussprüche keiner neuen und auswärtigen Instanz unterworfen sehen will. Jener Willensakt, der die Angelegenheit des Begehrungsvermögens vor das sittliche Forum bringt, ist also im eigentlichen Sinn naturwidrig, weil er das Notwendige wieder zufällig macht und Gesetzen der Vernunft die Entscheidung in einer Sache anheimstellt, wo nur Gesetze der Natur sprechen können und auch wirklich gesprochen haben. Denn so wenig die reine Vernunft in ihrer moralischen Gesetzgebung darauf Rücksicht nimmt, wie der Sinn wohl ihre Entscheidungen

---

* Man darf aber *diese* Anfrage des Willens bei der Vernunft nicht mit derjenigen verwechseln, wo sie über die *Mittel* zu Befriedigung einer Begierde erkennen soll. Hier ist nicht davon die Rede, *wie* die Befriedigung zu *erlangen*, sondern ob sie zu *gestatten* ist. Nur das letzte gehört ins Gebiet der Moralität; das erste gehört zur Klugheit.

aufnehmen möchte, ebenso wenig richtet sich die Natur in ihrer Gesetzgebung darnach, wie sie es einer reinen Vernunft recht machen möchte. In jeder von beiden gilt eine andre Notwendigkeit, die aber keine sein würde, wenn es der einen erlaubt wäre, willkürliche Veränderungen in der andern zu treffen. Daher kann auch der tapferste Geist bei allem Widerstande, den er gegen die Sinnlichkeit ausübt, nicht die Empfindung selbst, nicht die Begierde selbst unterdrücken, sondern ihr bloß den Einfluß auf seine Willensbestimmungen verweigern; *entwaffnen* kann er den Trieb durch moralische Mittel, aber nur durch natürliche ihn *besänftigen*. Er kann durch seine selbständige Kraft zwar verhindern, daß Naturgesetze für seinen Willen nicht zwingend werden, aber an diesen Gesetzen selbst kann er schlechterdings nichts verändern.

In Affekten also, »wo die Natur (der Trieb) *zuerst* handelt und den Willen entweder ganz zu umgehen oder ihn gewaltsam auf ihre Seite zu ziehen strebt, kann sich die Sittlichkeit des Charakters nicht anders als durch Widerstand offenbaren und, daß der Trieb die Freiheit des Willens nicht einschränke, nur durch Einschränkung des Triebes verhindern«. Übereinstimmung mit dem Vernunftgesetz ist also im Affekte nicht anders möglich als durch einen Widerspruch mit den Forderungen der Natur. Und da die Natur ihre Forderungen aus sittlichen Gründen nie zurücknimmt, folglich auf ihrer Seite alles sich gleichbleibt, wie auch der Wille sich in Ansehung ihrer verhalten mag, so ist hier keine Zusammenstimmung zwischen Neigung und Pflicht, zwischen Vernunft und Sinnlichkeit möglich, so kann der Mensch hier nicht mit seiner ganzen harmonierenden Natur, sondern ausschließungsweise nur mit seiner vernünftigen handeln. Er handelt also in diesen Fällen auch nicht *moralisch schön*, weil an der Schönheit der Handlung auch die Neigung notwendig teilnehmen muß, die hier vielmehr widerstreitet. Er handelt aber *moralisch groß*, weil alles das, und das allein groß ist, was von einer Überlegenheit des höhern Vermögens über das sinnliche Zeugnis gibt.

Die *schöne* Seele muß sich also im Affekt in eine *erhabene* verwandeln, und das ist der untrügliche Probierstein, wodurch man sie von dem guten Herzen oder der Temperamentstugend unterscheiden kann. Ist bei einem Menschen die Neigung nur darum auf seiten der Gerechtigkeit, weil die Gerechtigkeit sich glücklicherweise auf seiten der Neigung befindet, so wird der Naturtrieb im Affekt eine vollkommene Zwangsgewalt über den Willen ausüben, und wo ein Opfer nötig ist, so wird es die Sittlichkeit und nicht die Sinnlichkeit bringen. War es hingegen die Vernunft selbst, die, wie bei einem schönen Charakter der Fall ist, die Neigungen in Pflicht nahm und der Sinnlichkeit das Steuer nur anvertraute, so wird sie es in demselben Moment zurücknehmen, als der Trieb seine Vollmacht mißbrauchen will. Die Temperamentstugend sinkt also im Affekt zum bloßen Naturprodukt herab; die schöne Seele geht ins Heroische über und erhebt sich zur reinen Intelligenz.

Beherrschung der Triebe durch die moralische Kraft ist *Geistesfreiheit,* und *Würde* heißt ihr Ausdruck in der Erscheinung.

Strenggenommen ist die moralische Kraft im Menschen keiner Darstellung fähig, da das Übersinnliche nie versinnlicht werden kann. Aber mittelbar kann sie durch sinnliche Zeichen dem Verstande vorgestellt werden, wie bei der Würde der menschlichen Bildung wirklich der Fall ist.

Der aufgeregte Naturtrieb wird ebenso, wie das Herz in seinen moralischen Rührungen, von Bewegungen im Körper begleitet, die teils dem Willen zuvoreilen, teils, als bloß sympathetische, seiner Herrschaft gar nicht unterworfen sind. Denn da weder Empfindung noch Begierde und Verabscheuung in der Willkür des Menschen liegen, so kann er denjenigen Bewegungen, welche damit unmittelbar zusammenhängen, nicht zu gebieten haben. Aber der Trieb bleibt nicht bei der bloßen Begierde stehen; vorschnell und dringend strebt er, sein Objekt zu verwirklichen, und wird, wenn ihm von dem selbständigen Geiste nicht nachdrücklich widerstanden wird, selbst solche Handlungen antizipieren, worüber der Wille allein zu sagen haben soll. Denn der Erhaltungstrieb ringt ohne Unterlaß nach der gesetzgebenden Gewalt im Gebiete des Willens, und sein Bestreben ist, ebenso ungebunden über den Menschen wie über das Tier zu schalten.

Man findet also Bewegungen von zweierlei Art und Ursprung in jedem Affekte, den der Erhaltungstrieb in dem Menschen entzündet: erstlich solche, welche unmittelbar von der Empfindung ausgehen und daher ganz unwillkürlich sind; zweitens solche, welche der Art nach willkürlich sein sollten und könnten, die aber der blinde Naturtrieb der Freiheit abgewinnt. Die ersten beziehen sich auf den Affekt selbst und sind daher notwendig mit demselben verbunden; die zweiten entsprechen mehr der Ursache und dem Gegenstande des Affekts, daher sie auch zufällig und veränderlich sind und nicht für untrügliche Zeichen desselben gelten können. Weil aber beide, sobald das Objekt bestimmt ist, dem Naturtriebe gleich notwendig sind, so gehören auch beide dazu, um den Ausdruck des Affekts zu einem vollständigen und übereinstimmenden Ganzen zu machen*.

Wenn nun der Wille Selbständigkeit genug besitzt,

---

* Findet man nur die Bewegungen der zweiten Art ohne die der erstern, so zeigt dieses an, daß die Person den Affekt will und die Natur ihn verweigert. Findet man die Bewegungen der erstern Art ohne die der zweiten, so beweist dies, daß die Natur in dem Affekt wirklich versetzt ist, aber die Person ihn verbietet. Den ersten Fall sieht man alle Tage bei affektierten Personen und schlechten Komödianten; den zweiten Fall desto seltener und nur bei starken Gemütern.

dem vorgreitenden Naturtriebe Schranken zu setzen und gegen die ungestüme Macht desselben seine Gerechtsame zu behaupten, so bleiben zwar alle jene Erscheinungen in Kraft, die der aufgeregte Naturtrieb in seinem eigenen Gebiet bewirkte, aber alle diejenigen werden fehlen, die er in einer fremden Gerichtsbarkeit eigenmächtig hatte an sich reißen wollen. Die Erscheinungen stimmen also nicht mehr überein, aber eben in ihrem Widerspruch liegt der Ausdruck der moralischen Kraft.

Gesetzt, wir erblicken an einem Menschen Zeichen des qualvollesten Affekts aus der Klasse jener ersten ganz unwillkürlichen Bewegungen. Aber indem seine Adern auflaufen, seine Muskel krampfhaft angespannt werden, seine Stimme erstickt, seine Brust emporgetrieben, sein Unterleib einwärts gepreßt ist, sind seine willkürlichen Bewegungen sanft, seine Gesichtszüge frei, und es ist heiter um Aug' und Stirne. Wäre der Mensch bloß ein Sinnenwesen, so würden alle seine Züge, da sie dieselbe gemeinschaftliche Quelle hätten, miteinander übereinstimmend sein und also in dem gegenwärtigen Fall alle ohne Unterschied Leiden ausdrücken müssen. Da aber Züge der Ruhe unter die Züge des Schmerzens gemischt sind, einerlei Ursache aber nicht entgegengesetzte Wirkungen haben kann, so beweist dieser Widerspruch der Züge das Dasein und den Einfluß einer Kraft, die von dem Leiden unabhängig und den Eindrücken überlegen ist, unter denen wir das Sinnliche erliegen sehen. Und auf diese Art nun wird die *Ruhe im Leiden*, als worin die Würde eigentlich besteht, obgleich nur mittelbar durch einen Vernunftschluß, Darstellung der Intelligenz im Menschen und Ausdruck seiner moralischen Freiheit*.

Aber nicht bloß beim Leiden im engern Sinn, wo dieses

---

* In einer Untersuchung über pathetische Darstellungen ist im dritten Stück der Thalia umständlicher davon gehandelt worden.

Wort nur schmerzhafte Rührungen bedeutet, sondern überhaupt bei jedem starken Interesse des Begehrungsvermögens muß der Geist seine Freiheit beweisen, also Würde der Ausdruck sein. Der angenehme Affekt erfordert sie nicht weniger als der peinliche, weil die Natur in beiden Fällen gern den Meister spielen möchte und von dem Willen gezügelt werden soll. Die Würde bezieht sich auf die *Form* und nicht auf den *Inhalt* des Affekts, daher es geschehen kann, daß oft dem Inhalt nach lobenswürdige Affekte, wenn der Mensch sich ihnen blindlings überläßt, aus Mangel der Würde ins Gemeine und Niedrige fallen; daß hingegen nicht selten verwerfliche Affekte sich sogar dem Erhabenen nähern, sobald sie nur in ihrer Form Herrschaft des Geistes über seine Empfindungen zeigen.

Bei der Würde also führt sich der Geist in dem Körper als Herrscher auf, denn hier hat er seine Selbständigkeit gegen den gebieterischen Trieb zu behaupten, der ohne ihn zu Handlungen schreitet und sich seinem Joch gern entziehen möchte. Bei der Anmut hingegen regiert er mit Liberalität, weil *er* es hier ist, der die Natur in Handlung setzt und keinen Widerstand zu besiegen findet. Nachsicht verdient aber nur der Gehorsam, und Strenge kann nur die Widersetzung rechtfertigen.

Anmut liegt also in der Freiheit der willkürlichen Bewegungen; Würde in der Beherrschung der unwillkürlichen. Die Anmut läßt der Natur da, wo sie die Befehle des Geistes ausrichtet, einen Schein von Freiwilligkeit; die Würde hingegen unterwirft sie da, wo sie herrschen will, dem Geist. Überall, wo der Trieb anfängt zu handeln und sich herausnimmt, in das Amt des Willens zu greifen, da darf der Wille keine Indulgenz, sondern muß durch den nachdrücklichsten Widerstand seine Selbständigkeit (Autonomie) beweisen. Wo hingegen der Wille anfängt und die Sinnlichkeit ihm folgt, da darf er keine Strenge, sondern muß Indulgenz beweisen. Dies ist mit wenigen Worten das

Gesetz für das Verhältnis beider Naturen im Menschen, so wie es in der Erscheinung sich darstellet.

Würde wird daher mehr im *Leiden* (πάθος), Anmut mehr im *Betragen* (ἦθος) gefordert und gezeigt; denn nur im Leiden kann sich die Freiheit des Gemüts, und nur im Handeln die Freiheit des Körpers offenbaren.

Da die Würde ein Ausdruck des Widerstandes ist, den der selbständige Geist dem Naturtriebe leistet, dieser also als eine Gewalt muß angesehen werden, welche Widerstand nötig macht, so ist sie da, wo keine solche Gewalt zu bekämpfen ist, lächerlich, und wo keine mehr zu bekämpfen sein *sollte*, verächtlich. Man lacht über den Komödianten (wes Standes und Würden er auch sei), der auch bei gleichgültigen Verrichtungen eine gewisse Dignität affektiert. Man verachtet die kleine Seele, die sich für die Ausübung einer gemeinen Pflicht, die oft nur Unterlassung einer Niederträchtigkeit ist, mit Würde bezahlt macht.

Überhaupt ist es nicht eigentlich Würde, sondern Anmut, was man von der Tugend fordert. Die Würde gibt sich bei der Tugend von selbst, die schon ihrem Inhalt nach Herrschaft des Menschen über seine Triebe voraussetzt. Weit eher wird sich bei Ausübung sittlicher Pflichten die Sinnlichkeit in einem Zustand des Zwangs und der Unterdrückung befinden, da besonders, wo sie ein schmerzhaftes Opfer bringt. Da aber das Ideal vollkommener Menschheit keinen Widerstreit, sondern Zusammenstimmung zwischen dem Sittlichen und Sinnlichen fordert, so verträgt es sich nicht wohl mit der Würde, die, als ein Ausdruck jenes Widerstreits zwischen beiden, entweder die besondern Schranken des Subjekts oder die allgemeinen der Menschheit sichtbar macht.

Ist das erste, und liegt es bloß an dem Unvermögen des Subjekts, daß bei einer Handlung Neigung und Pflicht nicht zusammenstimmen, so wird diese Handlung jederzeit so viel an sittlicher Schätzung verlieren, als sich

Kampf in ihre Ausübung, also Würde in ihren Vortrag mischt. Denn unser moralisches Urteil bringt jedes Individuum unter den Maßstab der Gattung, und dem Menschen werden keine andre als die Schranken der Menschheit vergeben.

Ist aber das zweite, und kann eine Handlung der Pflicht mit den Forderungen der Natur nicht in Harmonie gebracht werden, ohne den Begriff der menschlichen Natur aufzuheben, so ist der Widerstand der Neigung notwendig, und es ist bloß der Anblick des Kampfes, der uns von der Möglichkeit des Sieges überführen kann. Wir erwarten hier also einen Ausdruck des Widerstreits in der Erscheinung und werden uns nie überreden lassen, da an eine Tugend zu glauben, wo wir nicht einmal Menschheit sehen. Wo also die sittliche Pflicht eine Handlung gebietet, die das Sinnliche notwendig leiden macht, da ist Ernst und kein Spiel, da würde uns die Leichtigkeit in der Ausübung viel mehr empören als befriedigen; da kann also nicht Anmut, sondern Würde der Ausdruck sein. Überhaupt gilt hier das Gesetz, daß der Mensch alles mit Anmut tun müsse, was er innerhalb seiner Menschheit verrichten kann, und alles mit Würde, welches zu verrichten er über seine Menschheit hinausgehen muß.

So wie wir Anmut von der Tugend fordern, so fordern wir Würde von der Neigung. Der Neigung ist die Anmut so natürlich als der Tugend die Würde, da sie schon ihrem Inhalt nach sinnlich, der Naturfreiheit günstig und aller Anspannung feind ist. Auch dem rohen Menschen fehlt es nicht an einem gewissen Grade von Anmut, wenn ihn die Liebe oder ein ähnlicher Affekt beseelt, und wo findet man mehr Anmut als bei Kindern, die doch ganz unter sinnlicher Leitung stehen? Weit mehr Gefahr ist da, daß die Neigung den Zustand des Leidens endlich zum herrschenden mache, die Selbsttätigkeit des Geistes ersticke und eine allgemeine Erschlaffung herbeiführe. Um sich also bei einem edeln

Gefühl in Achtung zu setzen, die ihr nur allein ein sittlicher Ursprung verschaffen kann, muß die Neigung sich jederzeit mit Würde verbinden. Daher fordert der Liebende Würde von dem Gegenstand seiner Leidenschaft. Würde allein ist ihm Bürge, daß nicht das Bedürfnis zu ihm nötigte, sondern daß die Freiheit ihn wählte – daß man ihn nicht als Sache begehrt, sondern als Person hochschätzt.

Man fordert Anmut von dem, der verpflichtet, und Würde von dem, der verpflichtet wird. Der erste soll, um sich eines kränkenden Vorteils über den andern zu begeben, die Handlung seines uninteressierten Entschlusses durch den Anteil, den er die Neigung daran nehmen läßt, zu einer affektionierten Handlung heruntersetzen und sich dadurch den Schein des gewinnenden Teiles geben. Der andre soll, um durch die Abhängigkeit, in die er tritt, die Menschheit (deren heiliges Palladium Freiheit ist) nicht in seiner Person zu entehren, das bloße Zufahren des Triebes zu einer Handlung seines Willens erheben und auf diese Art, indem er eine Gunst empfängt, eine erzeigen.

Man muß einen Fehler mit Anmut rügen und mit Würde bekennen. Kehrt man es *um*, so wird es das Ansehen haben, als ob der eine Teil seinen Vorteil zu sehr, der andre seinen Nachteil zu wenig empfände.

Will der Starke geliebt sein, so mag er seine Überlegenheit durch Grazie mildern. Will der Schwache geachtet sein, so mag er seiner Ohnmacht durch Würde aufhelfen. Man ist sonst der Meinung, daß auf den Thron Würde gehöre, und bekanntlich lieben die, welche darauf sitzen, in ihren Räten, Beichtvätern und Parlamenten – die Anmut. Aber was in einem politischen Reiche gut und löblich sein mag, ist es nicht immer in einem Reiche des Geschmacks. In dieses Reich tritt auch der König – sobald er von seinem Throne herabsteigt (denn Throne haben ihre Privilegien), und auch der kriechende Höfling begibt sich unter seine heilige Freiheit, sobald er sich zum Menschen aufrichtet. Alsdann aber möchte ersterm zu raten sein, mit dem Überfluß des andern seinen Mangel zu ersetzen und ihm so viel an Würde abzugeben, als er selbst an Grazie nötig hat.

Da Würde und Anmut ihre verschiedenen Gebiete haben, worin sie sich äußern, so schließen sie einander in derselben Person, ja in demselben Zustand einer Person nicht aus; vielmehr ist es nur die Anmut, von der die Würde ihre Beglaubigung, und nur die Würde, von der die Anmut ihren Wert empfängt.

Würde allein beweist zwar überall, wo wir sie antreffen, eine gewisse Einschränkung der Begierden und Neigungen. Ob es aber nicht vielmehr Stumpfheit des Empfindungsvermögens (Härte) sei, was wir für Beherrschung halten, und ob es wirklich moralische Selbsttätigkeit und nicht vielmehr Übergewicht eines andern Affektes, also absichtliche Anspannung sei, was den Ausbruch des gegenwärtigen im Zaume hält, das kann nur die damit verbundene Anmut außer Zweifel setzen. Die Anmut nämlich zeugt von einem ruhigen, in sich harmonischen Gemüt und von einem empfindenden Herzen.

Ebenso beweist auch die Anmut schon für sich allein eine Empfänglichkeit des Gefühlvermögens und eine Übereinstimmung der Empfindungen. Daß es aber nicht Schlaffheit des Geistes sei, was dem Sinn so viel Freiheit läßt und das Herz jedem Eindruck öffnet, und daß es das Sittliche sei, was die Empfindungen in diese Übereinstimmung brachte, das kann uns wiederum nur die damit verbundne Würde verbürgen. In der Würde nämlich legitimiert sich das Subjekt als eine selbständige Kraft; und indem der Wille die Lizenz der unwillkürlichen Bewegungen bändigt, gibt er zu erkennen, daß er die Freiheit der willkürlichen bloß zuläßt.

Sind Anmut und Würde, jene noch durch architektonische Schönheit, diese durch Kraft unterstützt, in derselben Person vereinigt, so ist der Ausdruck der Menschheit in ihr vollendet, und sie steht da, gerechtfertigt in der Geisterwelt und freigesprochen in der Erscheinung. Beide Gesetzgebungen berühren einander hier so nahe, daß ihre Grenzen zusammenfließen. Mit gemildertem Glanze steigt in dem Lächeln des Mundes, in dem sanftbelebten Blick, in der heitern Stirne die Vernunftfreiheit auf, und mit erhabenem Abschied geht die Naturnotwendigkeit in der edeln Majestät des Angesichts unter. Nach diesem Ideal menschlicher Schönheit sind die Antiken gebildet, und man erkennt es in der göttlichen Gestalt einer Niobe, im belvederischen Apoll, in dem borghesischen geflügelten Genius und in der Muse des Barberinischen Palastes*.

Wo sich Grazie und Würde vereinigen, da werden wir

* Mit dem feinen und großen Sinn, der ihm eigen ist, hat Winckelmann (Geschichte der Kunst. Erster Teil. S. 480 f. Wiener Ausgabe) diese hohe Schönheit, welche aus der Verbindung der Grazie mit der Würde hervorgeht, aufgefaßt und beschrieben. Aber was er vereinigt fand, nahm und gab er auch nur für eines, und er blieb bei dem stehen, was der bloße Sinn ihn lehrte, ohne zu untersuchen, ob es nicht vielleicht noch zu scheiden sei. Er verwirrt den Begriff der Grazie, da er Züge, die offenbar nur der Würde zukommen, in diesen Begriff mit aufnimmt. Grazie und Würde sind aber wesentlich verschieden, und man tut Unrecht, das zu einer *Eigenschaft* der Grazie zu machen, was vielmehr eine *Einschränkung* derselben ist. Was Winckelmann die hohe himmlische Grazie nennt, ist nichts anders als Schönheit und Grazie mit überwiegender Würde. »Die himmlische Grazie«, sagt er, »scheint sich allgenügsam und bietet sich nicht an, sondern will nur gesucht werden; sie ist zu erhaben, um sich sehr sinnlich zu machen. Sie verschließt in sich die Bewegungen der Seele und nähert sich der seligen Stille der göttlichen Natur.« – »Durch sie«, sagt er an einem andern Ort, »wagte sich der Künstler der Niobe in das Reich unkörperlicher Ideen und erreichte das Geheimnis, die Todesangst mit der höchsten Schönheit zu verbinden« (es würde schwer sein, hierin einen Sinn zu finden, wenn es nicht augenscheinlich wäre, daß hier nur die Würde gemeint ist); »er wurde ein Schöpfer reiner Geister, die keine Begierden der Sinne erwecken, denn sie scheinen nicht zur Leidenschaft gebildet zu sein, sondern dieselbe nur angenommen zu haben.« – Anderswo heißt es: »Die Seele äußerte sich nur unter einer

abwechselnd angezogen und zurückgestoßen; angezogen als Geister, zurückgestoßen als sinnliche Naturen.
In der Würde nämlich wird uns ein Beispiel der Unterordnung des Sinnlichen unter das Sittliche vorgehalten, welchem nachzuahmen für uns Gesetz, zugleich aber für unser physisches Vermögen übersteigend ist. Der Widerstreit zwischen dem Bedürfnis der Natur und der Forderung des Gesetzes, deren Gültigkeit wir doch eingestehen, spannt die Sinnlichkeit an und erweckt das Gefühl, welches *Achtung* genannt wird und von der Würde unzertrennlich ist.
In der Anmut hingegen, wie in der Schönheit überhaupt, sieht die Vernunft ihre Forderung in der Sinnlichkeit erfüllt, und überraschend tritt ihr eine ihrer Ideen in der Erscheinung entgegen. Diese unerwartete Zusammenstimmung des Zufälligen der Natur mit dem Notwendigen der Vernunft erweckt ein Gefühl frohen Beifalls *(Wohlgefallen)*, welches auflösend für den Sinn, für den Geist aber belebend und beschäftigend ist, und eine Anziehung des sinnlichen Objekts muß erfolgen. Diese Anziehung nennen wir Wohlwollen – *Liebe*; ein Gefühl, das von Anmut und Schönheit unzertrennlich ist.

stillen Fläche des Wassers und trat niemals mit Ungestüm hervor. In Vorstellung des Leidens bleibt die größte Pein verschlossen, und die Freude schwebet wie eine sanfte Luft, die kaum die Blätter rühret, auf dem Gesicht einer Leukothea.«
Alle diese Züge kommen der Würde und nicht der Grazie zu, denn die Grazie verschließt sich nicht, sondern kommt entgegen; die Grazie macht sich sinnlich und ist auch nicht erhaben, sondern schön. Aber die Würde ist es, was die Natur in ihren Äußerungen zurückhält und den Zügen, auch in der Todesangst und in dem bittersten Leiden eines Laokoon, Ruhe gebietet.
Home verfällt in denselben Fehler, was aber bei diesem Schriftsteller weniger zu verwundern ist. Auch er nimmt Züge der Würde in die Grazie mit auf, ob er gleich Anmut und Würde ausdrücklich voneinander unterscheidet. Seine Beobachtungen sind gewöhnlich richtig, und die nächsten Regeln, die er sich daraus bildet, wahr; aber weiter darf man ihm auch nicht folgen. Grundsätze der Kritik. II. Teil. Anmut und Würde.

Bei dem *Reiz* (nicht dem Liebreiz, sondern dem Wollustreiz, stimulus) wird dem Sinn ein sinnlicher Stoff vorgehalten, der ihm Entledigung von einem Bedürfnis, d. i. Lust verspricht. Der Sinn ist also bestrebt, sich mit dem Sinnlichen zu vereinbaren, und *Begierde* entsteht; ein Gefühl, das anspannend für den Sinn, für den Geist hingegen erschlaffend ist.

Von der Achtung kann man sagen, sie *beugt sich vor* ihrem Gegenstande; von der Liebe, sie *neigt sich zu* dem ihrigen; von der Begierde, sie *stürzt auf* den ihrigen. Bei der Achtung ist das Objekt der Vernunft und das Subjekt die sinnliche Natur*. Bei der Liebe ist das Objekt sinnlich, und das Subjekt die moralische Natur. Bei der Begierde sind Objekt und Subjekt sinnlich.

Die Liebe allein ist also eine freie Empfindung, denn ihre reine Quelle strömt hervor aus dem Sitz der Freiheit, aus unsrer göttlichen Natur. Es ist hier nicht das Kleine und Niedrige, was sich mit dem Großen und Hohen mißt, nicht der Sinn, der an dem Vernunftgesetz schwindelnd hinaufsieht; es ist das absolut Große

---

* Man darf die *Achtung* nicht mit der *Hochachtung* verwechseln. Achtung (nach ihrem reinen Begriff) geht nur auf das Verhältnis der sinnlichen Natur zu den Forderungen reiner praktischer Vernunft überhaupt, ohne Rücksicht auf eine wirkliche Erfüllung. »Das Gefühl der Unangemessenheit zu Erreichung einer Idee, die für uns Gesetz ist, heißt Achtung« (Kants Kritik der Urteilskraft). Daher ist Achtung keine angenehme, eher drückende Empfindung. Sie ist ein Gefühl des Abstandes des empirischen Willens von dem reinen. – Es kann daher auch nicht befremdlich sein, daß ich die sinnliche Natur zum Subjekt der Achtung mache, obgleich diese nur auf reine Vernunft geht; denn die Unangemessenheit zu Erreichung des Gesetzes kann nur in der Sinnlichkeit liegen.

Hochachtung hingegen geht schon auf die wirkliche Erfüllung des Gesetzes und wird nicht für das Gesetz, sondern für die Person, die demselben gemäß handelt, empfunden. Daher hat sie etwas Ergötzendes, weil die Erfüllung des Gesetzes Vernunftwesen erfreuen muß. Achtung ist Zwang, Hochachtung schon ein freieres Gefühl. Aber das rührt von der Liebe her, die ein Ingrediens der Hochachtung ausmacht. Achten muß auch der Nichtswürdige das Gute, aber um denjenigen hochzuachten, der es getan hat, müßte er aufhören, ein Nichtswürdiger zu sein.

selbst, was in der Anmut und Schönheit sich nachgeahmt und in der Sittlichkeit sich befriedigt findet, es ist der Gesetzgeber selbst, der *Gott* in uns, der mit seinem eigenen Bilde in der Sinnenwelt spielt. Daher ist das Gemüt aufgelöst in der Liebe, da es angespannt ist in der Achtung; denn hier ist nichts, das ihm Schranken setzte, da das absolut Große nichts über sich hat und die Sinnlichkeit, von der hier allein die Einschränkung kommen könnte, in der Anmut und Schönheit mit den Ideen des Geistes zusammenstimmt. Liebe ist ein Herabsteigen, da die Achtung ein Hinaufklimmen ist. Daher kann der Schlimme nichts lieben, ob er gleich vieles achten muß; daher kann der Gute wenig achten, was er nicht zugleich mit Liebe umfinge. Der reine Geist kann nur lieben, nicht achten; der Sinn kann nur achten, aber nicht lieben.

Wenn der schuldbewußte Mensch in ewiger Furcht schwebt, dem Gesetzgeber in ihm selbst, in der Sinnenwelt zu begegnen, und in allem, was groß und schön und trefflich ist, seinen Feind erblickt, so kennt die schöne Seele kein süßeres Glück, als das Heilige in sich außer sich nachgeahmt oder verwirklicht zu sehen und in der Sinnenwelt ihren unsterblichen Freund zu umarmen. Liebe ist zugleich das Großmütigste und das Selbstsüchtigste in der Natur; das erste: denn sie empfängt von ihrem Gegenstande nichts, sondern gibt ihm alles, da der reine Geist nur geben, nicht empfangen kann; das zweite: denn es ist immer nur ihr eigenes Selbst, was sie in ihrem Gegenstande sucht und schätzet.

Aber eben darum, weil der Liebende von dem Geliebten nur empfängt, was er ihm selber gab, so begegnet es ihm öfters, daß er ihm gibt, was er nicht von ihm empfing. Der äußre Sinn glaubt zu sehen, was nur der innere anschaut; der feurige Wunsch wird zum Glauben, und der eigne Überfluß des Liebenden verbirgt die Armut des Geliebten. Daher ist die Liebe so leicht

der Täuschung ausgesetzt, was der Achtung und Begierde selten begegnet. Solange der innere Sinn den äußern exaltiert, so lange dauert auch die selige Bezauberung der platonischen Liebe, der zur Wonne der Unsterblichen nur die Dauer fehlt. Sobald aber der innere Sinn dem äußern *seine* Anschauungen nicht mehr unterschiebt, so tritt der äußere wieder in seine Rechte und fordert, was ihm zukommt – *Stoff*. Das Feuer, welches die himmlische Venus entzündete, wird von der irdischen benutzt, und der Naturtrieb rächt seine lange Vernachlässigung nicht selten durch eine desto unumschränktere Herrschaft. Da der Sinn nie getäuscht wird, so macht er diesen Vorteil mit grobem Übermut gegen seinen edleren Nebenbuhler geltend und ist kühn genug, zu behaupten, daß er gehalten habe, was die Begeisterung schuldig blieb.
Die Würde hindert, daß die Liebe nicht zur Begierde wird. Die Anmut verhütet, daß die Achtung nicht Furcht wird.
Wahre Schönheit, wahre Anmut soll niemals Begierde erregen. Wo diese sich einmischt, da muß es entweder dem Gegenstand an Würde oder dem Betrachter an Sittlichkeit der Empfindungen mangeln.
Wahre Größe soll niemals Furcht erregen. Wo diese eintritt, da kann man gewiß sein, daß es entweder dem Gegenstand an Geschmack und an Grazie, oder dem Betrachter an einem günstigen Zeugnis seines Gewissens fehlt.
Reiz, Anmut und Grazie werden zwar gewöhnlich als gleichbedeutend gebraucht; sie sind es aber nicht, oder sollten es doch nicht sein, da der Begriff, den sie ausdrücken, mehrerer Bestimmungen fähig ist, die eine verschiedene Bezeichnung verdienen.
Es gibt eine belebende und eine beruhigende Grazie. Die erste grenzt an den Sinnenreiz, und das Wohlgefallen an derselben kann, wenn es nicht durch Würde zurückgehalten wird, leicht in Verlangen ausarten.

Diese kann *Reiz* genannt werden. Ein abgespannter Mensch kann sich nicht durch innre Kraft in Bewegung setzen, sondern muß Stoff von außen empfangen und durch leichte Übungen der Phantasie und schnelle Übergänge vom Empfinden zum Handeln seine verlorene Schnellkraft wieder herzustellen suchen. Dieses erlangt er im Umgang mit einer reizenden Person, die das stagnierende Meer seiner Einbildungskraft durch Gespräch und Anblick in Schwung bringt.

Die beruhigende Grazie grenzt näher an die Würde, da sie sich durch Mäßigung unruhiger Bewegungen äußert. Zu ihr wendet sich der angespannte Mensch, und der wilde Sturm des Gemüts löst sich auf an ihrem friedeatmenden Busen. Diese kann Anmut genannt werden. Mit dem Reize verbindet sich gern der lachende Scherz und der Stachel des Spotts; mit der Anmut das Mitleid und die Liebe. Der entnervte Soliman schmachtet zuletzt in den Ketten einer Roxelane, wenn sich der brausende Geist eines Othello an der sanften Brust einer Desdemona zur Ruhe wiegt.

Auch die Würde hat ihre verschiedenen Abstufungen und wird da, wo sie sich der Anmut und Schönheit nähert, zum *Edeln*, und wo sie an das Furchtbare grenzt, zur *Hoheit*.

Der höchste Grad der Anmut ist das *Bezaubernde*; der höchste Grad der Würde die *Majestät*. Bei dem Bezaubernden verlieren wir uns gleichsam selbst und fließen hinüber in den Gegenstand. Der höchste Genuß der Freiheit grenzt an den völligen Verlust derselben, und die Trunkenheit des Geistes an den Taumel der Sinnenlust. Die Majestät hingegen hält uns ein Gesetz vor, das uns nötigt, in uns selbst zu schauen. Wir schlagen die Augen vor dem gegenwärtigen Gott zu Boden, vergessen alles außer uns und empfinden nichts als die schwere Bürde unsers eigenen Daseins.

Majestät hat nur das Heilige. Kann ein Mensch uns dieses repräsentieren, so hat er Majestät; und wenn auch unsre Knie nicht nachfolgen, so wird doch unser Geist vor ihm niederfallen. Aber er richtet sich schnell wieder auf, sobald nur die kleinste Spur menschlicher Schuld an dem Gegenstand seiner Anbetung sichtbar wird; denn nichts, was nur vergleichungsweise groß ist, darf unsern Mut darniederschlagen.

Die bloße Macht, sei sie auch noch so furchtbar und grenzenlos, kann nie Majestät verleihen. Macht imponiert nur dem Sinnenwesen, die Majestät muß dem Geist seine Freiheit nehmen. Ein Mensch, der mir das Todesurteil schreiben kann, hat darum noch keine Majestät für mich, sobald ich selbst nur bin, was ich sein soll. Sein Vorteil über mich ist aus, sobald ich will. Wer mir aber in seiner Person den reinen Willen darstellt, vor dem werde ich mich, wenn's möglich ist, auch noch in künftigen Welten beugen.

Anmut und Würde stehen in einem zu hohen Wert, um die Eitelkeit und Torheit nicht zur Nachahmung zu reizen. Aber es gibt dazu nur einen Weg, nämlich Nachahmung der Gesinnungen, deren Ausdruck sie sind. Alles andre ist Nachäffung und wird sich als solche durch Übertreibung bald kenntlich machen.

So wie aus der Affektation des Erhabenen *Schwulst*, aus der Affektation des Edeln das *Kostbare* entsteht, so wird aus der affektierten Anmut *Ziererei* und aus der affektierten Würde steife *Feierlichkeit* und *Gravität*.

Die echte Anmut *gibt bloß nach* und kommt entgegen, die falsche hingegen *zerfließt*. Die wahre Anmut schont bloß die Werkzeuge der willkürlichen Bewegung und will der Freiheit der Natur nicht unnötigerweise zu nahe treten; die falsche Anmut hat gar nicht das Herz, die Werkzeuge des Willens gehörig zu gebrauchen, und um ja nicht ins Harte und Schwerfällige zu fallen, opfert sie lieber etwas von dem Zweck der Bewegung auf oder sucht ihn durch Umschweife zu erreichen. Wenn der *unbehilfliche* Tänzer bei einer Menuet so viel Kraft aufwendet, als ob er ein Mühlrad zu ziehen hätte, und mit Händen und Füßen so scharfe Ecken schneidet, als wenn es hier um eine geometrische Genauigkeit zu tun wäre, so wird der *affektierte* Tänzer so schwach auftreten, als ob er den Fußboden fürchtete, und mit Händen und Füßen nichts als Schlangenlinien beschreiben, wenn er auch darüber nicht von der Stelle kommen sollte. Das andre Geschlecht, welches vorzugsweise im Besitze der wahren Anmut ist, macht sich auch der falschen am meisten schuldig; aber nirgends beleidigt diese mehr, als wo sie der Begierde zum Angel dienet. Aus dem Lächeln der wahren Grazie wird dann die widrigste Grimasse; das schöne Spiel der Augen, so bezaubernd, wenn wahre Empfindung daraus spricht, wird zur Verdrehung; die schmelzend modulierende Stimme, so unwiderstehlich in einem wahren Munde, wird zu einem studierten tremulierenden Klang und die ganze Musik weiblicher Reizungen zu einer betrüglichen Toilettenkunst.

Wenn man auf Theatern und Ballsälen Gelegenheit hat, die affektierte Anmut zu beobachten, so kann man oft in den Kabinetten der Minister und in den Studierzimmern der Gelehrten (auf hohen Schulen besonders) die falsche Würde studieren. Wenn die wahre Würde zufrieden ist, den Affekt an seiner Herrschaft zu hindern, und dem Naturtriebe bloß da, wo er den Meister spielen will, in den unwillkürlichen Bewegungen, Schranken setzt, so regiert die falsche Würde auch die willkürlichen mit einem eisernen Zepter, unterdrückt die moralischen Bewegungen, die der wahren Würde heilig sind, so gut als die sinnlichen, und löscht das ganze mimische Spiel der Seele in den Gesichtszügen aus. Sie ist nicht bloß streng gegen die widerstrebende, sondern hart gegen die unterwürfige Natur und sucht ihre lächerliche Größe in Unterjochung und, wo dies nicht angehen will, in Verbergung derselben. Nicht anders, als wenn sie allem, was Natur heißt, einen unversöhnlichen Haß gelobt hätte, steckt sie den Leib in lange faltigte Gewänder, die den ganzen Gliederbau des Menschen verbergen, beschränkt den Gebrauch der Glieder durch einen lästigen Apparat unnützer Zierat und schneidet sogar die Haare ab, um das Geschenk der Natur durch ein Machwerk der Kunst zu ersetzen. Wenn die wahre Würde, die sich nie der Natur, nur der rohen Natur schämt, auch da, wo sie an sich hält, noch stets frei und offen bleibt; wenn in den Augen Empfindung strahlt und der heitre stille Geist auf der beredten Stirne ruht, so legt die Gravität die ihrige in Falten, wird verschlossen und mysteriös und bewacht sorgfältig wie ein Komödiant ihre Züge. Alle ihre Gesichtsmuskeln sind angespannt, aller wahre natürliche Ausdruck verschwindet, und der ganze Mensch ist wie ein versiegelter Brief. Aber die falsche Würde hat nicht immer unrecht, das mimische Spiel ihrer Züge in scharfer Zucht zu halten, weil es vielleicht mehr aussagen könnte, als man laut machen will; eine Vorsicht, welche die wahre Würde freilich nicht nötig hat. Diese wird die Natur nur beherrschen, nie verbergen; bei der falschen hingegen herrscht die Natur nur desto gewalttätiger innen, indem sie außen bezwungen ist*.

---

* Indessen gibt es auch eine Feierlichkeit im guten Sinne, wovon die Kunst Gebrauch machen kann. Diese entsteht nicht aus der Anmaßung, sich wichtig zu machen, sondern sie hat die Absicht, das Gemüt auf etwas Wichtiges vorzubereiten. Da, wo ein großer und tiefer Eindruck geschehen soll und es dem Dichter darum zu tun ist, daß nichts davon verlorengehe, so stimmt er das Gemüt vorher zum Empfang desselben, entfernt alle Zerstreuungen und setzt die Einbildungskraft in eine erwartungsvolle Spannung. Dazu ist nun das Feierliche sehr geschickt, welches in Häufung vieler Anstalten besteht, wovon man den Zweck nicht absieht, und in einer absichtlichen Verzögerung des Fortschritts, da, wo die Ungeduld Eile fordert. In der Musik wird das Feierliche durch eine langsame gleichförmige Folge starker Töne hervorgebracht; die Stärke erweckt und spannt das Gemüt, die Langsamkeit verzögert die Befriedigung, und die Gleichförmigkeit des Takts läßt die Ungeduld gar kein Ende absehen.
Das Feierliche unterstützt den Eindruck des Großen und Erhabenen nicht wenig und wird daher bei Religionsgebräuchen und Mysterien

mit großem Erfolg gebraucht. Die Wirkungen der Glocken, der Choralmusik, der Orgel sind bekannt; aber auch für das Auge gibt es ein Feierliches, nämlich die Pracht, verbunden mit dem Furchtbaren, wie bei Leichenzeremonien und bei allen öffentlichen Aufzügen, die eine große Stille und einen langsamen Takt beobachten.

ND# Anhang

Anmerkungen

Kallias oder über die Schönheit

»Über die Natur des Schönen ist mir viel Licht aufgegangen, so daß ich Dich für meine Theorie zu erobern glaube. Den objektiven Begriff des Schönen, der sich eo ipso auch zu einem objektiven Grundsatz des Geschmacks qualifiziert und an welchem Kant verzweifelt, glaube ich gefunden zu haben. Ich werde meine Gedanken darüber ordnen und in einem Gespräch: *Kallias oder über die Schönheit*, auf die kommenden Ostern herausgeben.« So Schiller in einem Brief an Christian Gottfried Körner vom 21. Dezember 1792, dem also die Titelformel entnommen wurde, um einen Teil des Schiller-Körner-Briefwechsels vom Anfang des Jahres 1793 zu benennen, denn zu einem abgeschlossenen Werk reiften Schillers Überlegungen nicht, sie blieben Fragment seiner Ästhetik in einer Reihe von Briefen.

Zusammen mit seiner Ästhetikvorlesung aus dem Wintersemester 1792/93, von der uns eine Nachschrift des Studenten Chr. F. Michaelis erhalten ist, bildet der *Kallias*-Briefwechsel das erste Zeugnis einer selbständigen Auseinandersetzung Schillers mit Kants *Kritik der Urteilskraft* (zitiert als KU). Schiller las dieses Werk schon im März 1791, aber erst bei der wiederholten Lektüre als Vorbereitung auf seine Vorlesung studiert er es intensiv. Da seine Reflexionen ihn in »ein sehr weites Feld« führen, wo für ihn »noch ganz fremde Länder liegen«, verschafft er sich zunächst einen historischen Überblick von der noch jungen ästhetischen Wissenschaft. Er erbittet von Körner »wichtige Schriften über die Kunst«: »Burke, Sulzer, Webb, Mengs, Winckelmann, Home, Batteux, Wood, Mendelssohn, nebst 5 oder 6 schlechten Kompendien« besitzt er schon (11. Jan. 1793). Und Körner ergänzt daraufhin seine Leseliste durch die Namen: »Hogarth über die Schönheitslinie, Hagedorn Betrachtungen über die Malerei, Dubos réflexions sur la peinture et la poésie, Lessings Laokoon, Herders kritische Wälder, die neue französische Enzyklopädie, Reynolds Vorlesungen in der englischen Akademie der Künste, D'Argenville Leben der berühmtesten Maler, Vasari vie des peintres etc., Sandrarts Akademie der Künste, die vorzüglichsten Reisen nach Italien, als: la Lande, Volkmann, Moritz« (18. Jan. 1793). Fürwahr ein weites Feld, das Schiller zu durchmessen sich anschickt.

Mit der Briefbeilage *Das Schöne der Kunst* brechen Schillers Erörterungen am 28. Februar 1793 ohne endgültiges Ergebnis ab. Zwar verspricht er eine »Fortsetzung künftigen Posttag«, die aber trotz mahnender und anregender Briefe Körners nicht mehr zustande kommt. Schiller vertröstet den Freund mehrmals, aber im Mai beginnt er schon mit der Niederschrift von *Anmut und Würde*, worin er die im *Kallias* entwickelte Schönheitsdefinition auf den Menschen überträgt. Auch die Briefe an den Augustenburger Prinzen hängen mit Schillers ursprünglichem Schönheitsbegriff zusammen; noch während der Arbeit am *Kallias* verspricht er den Prinzen eine »Philosophie des Schönen« (9. Febr. 1793); und als er im Spätherbst 1793 die ästhetischen Briefe fortsetzt, schreibt er an Körner: »Sei so gut und schicke mir, sobald Du schreibst, entweder das Original oder die Kopie derjenigen von meinen Briefen, worin ich angefangen habe, Dir meine Theorie der Schönheit zu entwickeln. Ich brauche diese Ideen jetzt notwendig zu meiner gegenwärtigen Beschäftigung und bin eben daran, die Theorie des Schönen zu entwickeln« (10. Dez. 1793). Das zeigt recht deutlich den Gesamtzusammenhang der Schillerschen Schönheitslehre vom *Kallias* bis zu den Briefen *Über die ästhetische Erziehung des Menschen*.

Bekannt wurde dieses wichtige Zeugnis der Ästhetik Schillers erst 1847 durch die Erstausgabe des Körner-Schiller-Briefwechsels. Als Druckvorlage dient die vollständigste Ausgabe: *Briefwechsel zwischen Schiller und Körner. Von 1784 bis zum Tode Schillers*. Mit Einleitung von Ludwig Geiger. Band III, Stuttgart: Cotta (1892 bis 1896). Diese Ausgabe wurde der kritischen Gesamtausgabe der Briefe Schillers durch Fritz Jonas vorgezogen, da die Antwortbriefe Körners, die zum Verständnis der Gedankenentwicklung Schillers beitragen, hier erstmals in einer Edition von Schillers ästhetischen Schriften mit abgedruckt werden. Orthographie und Interpunktion wurden behutsam dem heutigen Gebrauch angenähert, die Auslassung nicht zum Thema gehörender Absätze, Grußformeln usw. durch [...] gekennzeichnet und die Verfasser der Briefe durch daruntergestelltes S. und K. verdeutlicht.

5,7 ff. *Die Schwierigkeit...*: Das ist die beschäftigende Frage des Briefwechsels und der entscheidende Punkt, an dem Schiller Kant seine Gefolgschaft aufkündigt. Nach der Vorlesungsnachschrift soll Schiller dazu gesagt haben: »Die Kantische Kritik leugnet die Objektivität des Schönen aus keinem genügenden Grunde, weil sich nämlich das Schönheitsurteil auf ein Gefühl der Lust gründe.« Vgl. dazu Kant, KU § 34.

5,13 *Deduktion:* Ableitung des Besonderen aus dem Allgemeinen, d. h. logische Begründung der Rechtmäßigkeit eines Urteils und Legitimation einer Erkenntnis. Die Deduktion des Geschmacksurteils hält Schiller für notwendig, um den Anspruch des ästhetischen Urteils auf objektive Gültigkeit zu beweisen.

5,33 *sinnlich-subjektiv (wie Burke u. a.):* Die englischen Sensualisten gingen bei der Analyse des Schönen davon aus, daß das Gefühl beim ästhetischen Urteil die wichtigste Rolle spiele. Der schöne Gegenstand befindet sich mit der Organisation unserer Sinne in Einklang, und wir empfinden diese Harmonie als Lust. Dieser ästhetische Genuß ist subjektiv, d. h. es läßt sich kein allgemeinverbindliches Prinzip des Geschmacks angeben. Edmund Burke (Philosophical Inquiry into the Origin of our Ideas of Sublime and Beautiful, 1757) war ein Hauptvertreter dieser Richtung. Schiller dürfte diese Schrift in der Übersetzung Christian Garves (Riga 1773) gelesen haben. Kant hat sich, da auch in seiner Ästhetik das Gefühl das einzige Kriterium des ästhetischen Urteils ist, mit dieser physiologisch-psychologischen Betrachtungsweise ausführlich auseinandergesetzt (Kant, KU § 29).

6,1 *subjektiv-rational (wie Kant):* Auch für Kant war das ästhetische Erlebnis ein Genuß. Allerdings unterscheidet sich das ästhetische Gefühl von anderen lustvollen Zuständen dadurch, daß es mit dem Anspruch auftritt, jedermann müsse das gleiche Wohlgefallen empfinden. Das spezifisch ästhetische Lustgefühl ist für Kant nicht bloß subjektiv, sondern durch seine allgemeine Mitteilbarkeit beansprucht es von jedermann anerkannt zu werden. Mit seinem Postulat eines ›ästhetischen Gemeinsinns‹ steht Kant im Gegensatz zu den empirischen Gefühlsästhetikern.

6,1 f. *rational-objektiv:* Für die Rationalisten war das Schöne ein Gegenstand logischer Erkenntnis. Das ästhetische Urteil ließ sich nach ihrer Lehre begrifflich begründen, indem man den schönen Gegenstand nach ganz bestimmten Kriterien (Regelmäßigkeit, Klarheit, Zweckmäßigkeit u. a.) beurteilte. Der schöne Gegenstand ist also unabhängig vom Gefühl objektiv bestimmbar. Vgl. Kant, KU § 15.

6,2 *Baumgarten:* Alexander Gottlieb Baumgarten (1714–62) gilt als Begründer der Ästhetik als einer selbständigen philosophischen Disziplin. Sein Hauptwerk: *Aesthetica* (1750–58).

Mendelssohn: Moses Mendelssohn (1729–86), der Freund Lessings, der durch seine Schriften *Briefe über die Empfindungen* (1755) und *Betrachtungen über das Erhabene und das Naive in den schönen Wissenschaften* (1758) große Bedeutung hatte.

6,3 *Vollkommenheitsmänner:* Die rationalistischen Ästhetiker (Wolff, Baumgarten, Mendelssohn, Nicolai), die die Verbindlichkeit des Schönen in der ›sinnlichen Vollkommenheit‹ gefunden zu haben glaubten.

6,3 f. *sinnlich-objektiv:* Mit Kant stimmt Schiller darin überein, daß das Schöne ein Gefühlserlebnis, also ein besonderer sinnlicher Zustand, sei. Doch während Kant nur die Wirkung des schönen Gegenstandes auf die Erkenntnisvermögen des Menschen untersucht, möchte Schiller eine Theorie des Schönen entwickeln, die sich mehr an den schönen Objekten orientiert.

6,15 *Affektibilität:* Erregbarkeit der Sinne.

6,25 f. *pulchritudo vaga und fixa:* Kant, KU § 16: »Es gibt zweierlei Arten von Schönheit: freie Schönheit (pulchritudo vaga), oder die bloß anhängende Schönheit (pulchritudo adhaerens).« Die freie Schönheit ist die eigentliche Schönheit, an der wir ein interesseloses Wohlgefallen nehmen; bei der nur anhängenden Schönheit spielen noch Nützlichkeits- oder Zweckmäßigkeitserwägungen eine Rolle.

7,21 f. *Stein der Weisen:* das objektive Prinzip der Schönheit. Körner war überzeugt, daß es möglich sei, dieses Prinzip zu finden und zu deduzieren. Vgl. dazu noch Körners Briefe an Schiller vom 13. März 1791, 15. Febr., 4. und 7. März, 21. Okt. und 25. Nov. 1793.

11,25 f. *mehr ästhetisch- als logisch-deutlich:* Schiller erscheinen Körners Begriffe zu unbestimmt, zu vage, mehr gefühlt als theoretisch beweisend. Es fehlt ein Beweis, daß die Form, die die Verbindung der Teile zum Ganzen ist, und die »herrschende Kraft«, die diese Verbindung zustande bringt, ein und dasselbe sind. Überhaupt ist die Metapher »herrschende Kraft« zu unbestimmt, um als objektives Prinzip zu taugen. Ja, indem Körner das Schöne dem Vollkommenen annähert, kommt er in eine gefährliche Nähe zur rationalistischen Ästhetik, die Schiller ablehnt.

12,7 *das Schöne gefalle ohne Begriff:* Kant, KU § 6. Kants zweites »Moment des Geschmacksurteils«, wonach das Schöne ein interesseloses Wohlgefallen sei, d. h. angesichts des Schönen verstummt unser Fragen nach Nutzen und Zweck des Objekts. Daran hielt Schiller fest.

13,6 *gibt der Sinn:* erfahren wir durch die Sinne.

14,13 *Analoga:* Vgl. zum Verständnis dieses wichtigen Begriffs: Kant, KU § 59 und Nachwort S. 166 f.

15,16 *teleologisch:* Die teleologische Betrachtungsweise der Natur gründet in dem Gedanken einer allgemeinen Zweckmäßigkeit.

15,20 ff. *Ich vermute, Du wirst aufgucken...:* Für Kant war das Schöne eine Modifikation menschlicher Erkenntnis und damit ein Problem der theoretischen Vernunft: Einbildungskraft und Verstand, die beiden menschlichen Erkenntnisvermögen, befinden sich bei der Betrachtung des schönen Gegenstandes in Harmonie, die eine leichtere, d. h. nicht begriffliche Erkenntnis erlaubt. Das Schöne als besondere Form menschlicher Erkenntnis fällt daher in den Bereich der theoretischen Vernunft. Schiller verbindet dagegen das Schöne von Anfang an mit der praktischen Vernunft, da er im schönen Gegenstand die Freiheit symbolisiert sieht.

16,6 f. *heteronomisch:* von außen bestimmt werden, Fremdgesetzlichkeit.

16,9 f. *autonomisch:* aus sich selbst bestimmt sein, Selbstgesetzlichkeit. Dieser Begriff ist für Schillers Schönheitsbegriff besonders wichtig, da das Analogon zwischen dem schönen Gegenstand und der Freiheit das Nichtvonaußenbestimmtsein ist.

18,13 f. *Teleophanie:* indirekte Darstellung der Zweckmäßigkeit.
18,14 *Logophanie:* indirekte Darstellung der Vernünftigkeit.
18,19 f. *Schönheit . . .:* Schillers Schönheitsdefinition, die hier erstmals formuliert ist.
18,31 *bloß subjektiv:* Schiller überträgt die Freiheit auf den schönen Gegenstand, die Autonomie ist zum schönen Objekt nur hinzugedacht, ohne daß sie als objektives Merkmal bewiesen wäre. Auf ein solch objektives Merkmal jedoch dringt Körner. Schiller erkennt diesen Einwand in seinem Antwortbrief vom 18. Februar an.
22,26 *Durch einen Begriff gefallen:* Würde das Schöne durch einen Begriff gefallen, so wäre es vom Gefühl unabhängig, ließe sich logisch erkennen und beweisen; das aber leugnet Schiller mit Kant.
23,14 *Dieses Prinzip:* Das gemeinsame höhere Prinzip, aus dem Schiller Sittlichkeit und Schönheit ableitet, ist die Idee der Selbstbestimmung – »als Existenz aus bloßer Form«.
24,4 *expektorieren:* darlegen, auseinandersetzen.
25,15 Die Anführungszeichen hat Schiller hier wie öfter zur Hervorhebung des Satzes verwendet, es handelt sich also nicht um ein Zitat.
27,24 f. *die moralische Zweckmäßigkeit eines Kunstwerks:* Die Trennungslinie zwischen Ethik und Ästhetik hat Schiller mehrfach nachgezogen. Einer Vermischung der beiden Bereiche, die Kant schon säuberlich getrennt hatte, beugte er durch den Begriff der Analogie vor.
28,32 *moralische Schönheit:* Durch diese Metapher und das folgende Gleichnis deutet sich hier eine Verbindung zum Begriff der ›schönen Seele‹ an. Vgl. dazu Nachwort S. 169.
30,19 *Achtung fürs Gesetz:* Ganz im Sinne von Kants Ethik. Vgl. Kant, *Grundlegung zur Metaphysik der Sitten,* 1. Abschn. 2. Anm. und *Kritik der praktischen Vernunft,* 1. Teil, I. Buch, 3. Hauptstück.
33,24 *Erstlich:* Die folgende Gliederung wurde nicht streng durchgeführt; nur dem ersten Teil widmete er die folgende Abhandlung *Freiheit in der Erscheinung ist eins mit der Schönheit.* Der zweite Teil wurde nicht ausgeführt.
34,7 *Synthesis a priori:* allgemeingültiges Prinzip, durch das das erkennende Bewußtsein das Gegebene zur Einheit der Erkenntnis verknüpft.
34,10 *Induktion:* vom Besonderen auf das Allgemeine schließen.
37,7 *der negative Begriff der Freiheit:* das Nichtvonaußenbestimmtsein.
37,29 *Natur:* Dieser Begriff wird in diesem Zusammenhang nicht als Gegenpol der menschlichen Freiheit verstanden, wie es in späteren Schriften Schillers so häufig der Fall ist, sondern in übertragenem Sinne: als ob es zur Natur des schönen Gegen-

stands gehöre, nur durch sich selbst bestimmt zu sein. Betrachtet man einen Gegenstand der Natur ästhetisch, so sieht man von der Schwerkraft, der er unterworfen ist, ab und achtet nur darauf, wie die Form den Gegenstand bestimmt.

40,32 f. *Symbol der Freiheit:* indirekte Darstellung der Freiheit, Versinnlichung der Freiheit.

43,12 f. *innere Notwendigkeit der Form:* Dieser Begriff der inneren Notwendigkeit des Schönen weist auf andere Einflüsse als Kants Ästhetik; Herders, Moritz' und Goethes Idee des Organischen scheint hier anzuklingen: das Kunstwerk entwickelt sich organisch nach seinen eigenen Gesetzen.

43,15 *Heautonomie:* Diese Tautologie, die sich wörtlich als Selbstselbstbestimmung übersetzen ließe, dient der nachdrücklichen Verdeutlichung von Schillers Gedanken, daß die Form selbstbestimmend und zugleich nur ihrer eigenen Natur unterworfen sei, also einer Regel, die sie sich selbst gegeben hat.

45,3 *(pag. 177):* KU § 145.

46,23 *praktischen Vermögen:* das Vermögen zur Freiheit, das sich »gleichsam von einer Sorge erleichtert« fühlt, da der schöne Gegenstand die Idee der Autonomie zu bestätigen scheint.

47,32 *Eigenschaften:* Durch die genannten Eigenschaften meinten die Schüler Wolffs die Schönheit begrifflich bestimmen zu können.

49,22 *konsentieren:* frei zustimmen.

52,6 *Virgil:* Das 4. Buch der Vergilschen *Aeneis,* von dem hier die Rede ist, hatte Schiller 1791/92 selbst ins Deutsche übersetzt. Diese Übersetzung erschien unter dem Titel *Dido. Viertes Buch der Aeneide* im Märzheft der *Neuen Thalia.*

52,24 *Schlangenlinie:* Auf diese ›Schönheitslinie‹, die der Engländer William Hogarth (1697–1764) in seiner Schrift *Analysis of Beauty* (1753) behandelte, hatte Körner Schiller in seinem Brief vom 18. Januar 1793 aufmerksam gemacht.

55,16 *Kimon:* Kimon von Athen (gest. 449), athenischer Feldherr, der gegen die Perser kämpfte.

55,17 *Phokion:* Ebenfalls athenischer Feldherr, durch dessen Politik Athen jedoch seine Selbständigkeit verlor.

Thomas Jones: Titelfigur in Henry Fieldings *The History of Tom Jones, a Foundling* (1749, dt. 1786).

Grandison: Held in Samuel Richardsons *The History of Sir Charles Grandison* (1753/54, dt. 1754–59).

57,6 *stricte sic dicta:* im genauen Sinne des Wortes.

58,5 f. *in einem Medium:* Jede Kunstgattung bedient sich ihrer spezifischen Mittel, um die Natur nachzuahmen: der Maler durch Farben, die Tanzkunst durch Bewegung, der Dichter durch Worte. Das Medium ist vom Nachgeahmten materialiter verschieden, und dennoch soll es den Gegenstand anschaulich abbilden, was nur durch formale Ähnlichkeit möglich ist. Mit einem

Beispiel Schillers: »Die Form ist an einem Kunstwerk bloße Erscheinung, d. i., der Marmor *scheint* ein Mensch, aber er bleibt, in der Wirklichkeit, Marmor« (S. 60).

61,19 *Ekhof:* Konrad Ekhof (1720–78), Schauspieler am Hamburger Nationaltheater, später Leiter einer Theatertruppe in Gotha.
Schröder: Friedrich Ludwig Schröder (1744–1816), Schauspieler und Theaterdirektor in Hamburg.

61,35 *Madame Albrecht:* Sophie Albrecht kannte Schiller persönlich, seit sie bei der Uraufführung von *Kabale und Liebe* in Frankfurt a. M. (13. April 1784) die Luise gespielt hatte.

62,9 *Herr Brückl:* Dresdener Schauspieler, den Körner wegen seiner schlechten Darstellung Philipps im *Don Carlos* tadelte (an Schiller 18./19. Febr. 1789).

63,23 *Konvenienz:* Übereinkunft.

64,2 *überall:* überhaupt.

65,10 *Die Fortsetzung künftigen Posttag:* Diese versprochene Fortsetzung ist trotz zweier Briefe Körners (4. und 7. März 1793), in denen er sich ausführlich mit Schillers Theorie auseinandersetzt, nicht zustande gekommen. Dafür gibt es gleich mehrere Erklärungen: Schillers schlechter Gesundheitszustand (nach einem Schwächeanfall während einer Vorlesung schreibt er am 22. März 93: »Meine Existenz wird durch diese elenden Zufälle so zerrissen, daß ich in nichts recht fortfahren kann.«); zu viele neue Projekte (April/Mai: Herausgabe der *Neuen Thalia*, Mai: Revision seiner Gedichte, Mai/Juni: Arbeit an *Anmut und Würde*, ab Juli: Briefe an den Augustenburger Prinzen); später wirft Schiller Körner vor, er habe ihn zu sehr kritisiert und bei der schwierigen Arbeit nicht genügend ermutigt (10. Dez. 1793). Wichtiger und richtiger dürfte es jedoch sein, daß Schiller an der Deduktion seines Schönheitsbegriffs und dem objektiven Prinzip des Schönen gescheitert war.

Über Anmut und Würde

Ein unmittelbarer Anlaß für die Entstehung dieser Schrift war das Fehlen geeigneter Beiträge für Schillers Zeitschrift *Neue Thalia*. Das geht aus einem Brief an Körner vom 27. Mai 1793 hervor: »Die Thalia darf nicht in Stocken geraten, und ich werde durch meine Mitarbeiter gar zu schlecht unterstützt. Deswegen habe ich mich dieser Tagen mit zwei Aufsätzen dafür beschäftigt. Der eine handelt von *Anmut und Würde*, der andere ist über *pathetische Darstellung*. Ich glaube, daß beide Dich interessieren werden.« Und bereits am 20. Juni übersandte Schiller seinem Freund das fertige Manuskript, das er in sechs Wochen niedergeschrieben hatte. Das war nur möglich, da er sich seit Ende 1792 intensiv mit ästhetischen Problemen beschäftigt und sein *Kallias*-Briefwechsel mit Körner schon Grundzüge seiner Theorie des Schönen entfaltet hatte. Seine neuen ästhetischen Erkenntnisse versuchte er in dem *Thalia*-Aufsatz »an der menschlichen Schönheit [...] noch anschaulicher zu machen« (23. Febr. 1793, S. 41). Was er sich im *Kallias* noch versagt hatte, den Zusammenhang zwischen Schönheit und Freiheit am Menschen zu demonstrieren, dem widmete er jetzt seine erste große Abhandlung. Sie ist damit eine direkte Folge und Fortsetzung der *Kallias*-Briefe.

Der Essay erschien erstmals als 2. Stück im III. Band der *Neuen Thalia* 1793. Eine Buchausgabe erschien noch im gleichen Jahr. Unser Text folgt der Säkular-Ausgabe von Schillers Sämtlichen Werken, Bd. 11, Stuttgart und Berlin, Cotta (o. J.). Orthographie und Interpunktion wurden behutsam dem heutigen Gebrauch angenähert.

Titel: Das Begriffspaar hat eine lange Tradition von der Antike (venustus et gravitas) bis zu den englischen Sensualisten (grace and dignity), und es war in der zweiten Hälfte des 18. Jahrhunderts allen Gebildeten wohlvertraut. Schiller kannte Wielands Philosophie der Grazien, Mendelssohns Schrift *Über die Empfindungen,* Kants Lehre vom Erhabenen, Meinhards Übersetzung von Homes *Elements of Criticism,* das die Begriffe grace und dignity ausführlich behandelt, und Sulzers Kompendium *Allgemeine Theorie der schönen Künste.*

69,2 ff. *Die griechische Fabel...:* Diese mythologische Reminiszenz dürfte Schiller Sulzers »Reiz«-Artikel der *Allgemeinen Theorie der schönen Künste* (1771–74) verdanken, wie überhaupt dieser Artikel sachlich viele Anregungen für Schiller enthielt: mythologische Exempla und die Unterscheidung zwischen architektonischer Schönheit, Anmut und Würde.

69,11 *Gnidus:* Heiligtum der Aphrodite im kleinasiatischen Knidos.

69,16 ff. *Juno...:* Vgl. Homer, *Ilias,* 14. Gesang, Verse 214 ff.

69,27 *Prärogativ:* Vorrecht.

71,17 *Gürtel des Reizes:* Reiz war im 18. Jahrhundert ein geläufiges Synonym für Grazie und Anmut; ganz in diesem Sinne spricht Schiller im folgenden vom Reiz als »Schönheit der Bewegung«, wie es vor ihm schon Home, Lessing und Mendelssohn getan hatten.

72,28 *bloß Natur:* das nur Sinnliche, die tierische Natur des Menschen, die der physischen Kausalität unterliegt. Weder dieser Bereich des Menschen noch das Tier können für Schiller anmutig sein, denn Anmut kommt nur der Person zu, deren übersinnliches Vermögen in der schönen Bewegung sich ausdrückt.

73,3 *ein Ausdruck moralischer Empfindungen:* Moralisch ist hier nicht nur im Sinne von sittlich zu verstehen, sondern im weiteren Sinne als das Geistige im Gegensatz zum Sinnlichen.

73,9 *Menschheit:* Die Eigenart des Menschen, seine Vernünftigkeit, die ihn vom Tier unterscheidet.

74,4–6 *Anmut ist eine Schönheit . . .:* Dies ist kein Zitat; Schiller benutzt hier Anführungszeichen, um die Bedeutung dieses Satzes hervorzuheben. Diese Definition hat große Ähnlichkeit mit Shaftesburys Erklärung der Anmut; doch sollte man über der Ähnlichkeit die grundsätzlichen Unterschiede zwischen beiden Denkern nicht übersehen, denn im Gegensatz zum Kantianer Schiller kannte Shaftesbury weder die Unbedingtheit des Sittlichen noch den polaren Begriff der Würde.

74,13 ff. *daß sich die philosophierende Vernunft . . .:* Dahinter steht die Auffassung, daß in der Kunst das Rätsel Welt gelöst scheint, ohne daß sich diese Lösung begrifflich fassen ließe.

75,13 *Vortrag:* Verkörperung, Ausdruck.

75,33 *logische Beschaffenheit:* Zweckmäßigkeit, die nur der Verstand erkennen kann.

76,16 f. *ein ganz andres Vermögen:* Gemeint ist das Vermögen der ästhetischen Betrachtung, der ästhetischen Urteilskraft.

78,15 f. *dies hat man gar nicht nötig . . .:* Um beispielsweise die Schönheit einer Hand zu beurteilen, brauche ich nicht nach ihrem zweckvollen Bau oder ihrer Funktion zu fragen.

80,36 *Analytik des Schönen:* Diese hatte Schiller in den *Kallias*-Briefen zu entwickeln versucht, konnte sie jedoch nicht zu Ende führen; sie blieb ein nicht eingelöstes Versprechen seiner Ästhetik. Die Idee, von der Schiller hier so geheimnisvoll spricht, ist die Freiheit, wie wir ebenfalls den *Kallias*-Briefen entnehmen: am Ende des Briefes vom 8. Februar 1793 definiert er die Schönheit als »Freiheit in der Erscheinung« (S. 18).

84,34 *Home:* Henry Home (1696–1782), schottischer Moralphilosoph und Ästhetiker, dessen Hauptwerk *Elements of Criticism* (1762) Schiller in der deutschen Übersetzung von Meinhard (1765) schon in Bauerbach las.

85,28 *der Herr Berichtiger:* G. Schatz, der die 3. Auflage der Meinhardschen Übersetzung bearbeitete.

86,12 f. *die flammigten oder geschlängelten Linien:* Auf diese besondere Schönheitslinie war Schiller im *Kallias*-Brief vom 23. Februar 1793 zu sprechen gekommen. Vgl. Anmerkung zu S. 52,24.

86,14 *Mendelssohn:* Moses Mendelssohn (1729–86) in den *Briefen über die Empfindungen*, wo es heißt: »Und den Reiz? Vielleicht würde man ihn nicht unrecht durch die Schönheit der wahren oder anscheinenden Bewegung erklären. Ein Beispiel der erstern sind die Mienen und Gebärden der Menschen, die durch die Schönheit in den Bewegungen reizend werden; ein Beispiel der letztern hingegen die flammigten, oder mit Hogarthen zu reden, die Schlangenlinien, die allezeit eine Bewegung nachzuahmen scheinen« (*Philosophische Schriften*, Berlin 1761, I, 93).

90,11 *fausses gorges:* künstlicher Busen.
90,33 f. *an der Toilette:* vor dem Spiegel.
90,34 f. *Schauspieler:* Zur Verdeutlichung dieser Forderungen an den Schauspieler lese man Schillers Beispiele in den *Kallias*-Briefen S. 61 f.
90,40 *Guelfo:* Held in Friedrich Maximilian Klingers Sturm-und-Drang-Drama *Die Zwillinge* (1776).
95,26 *Physiognomen:* Ein Mensch, der das Wesen eines Menschen an den Gesichtszügen abliest.
96,10 *das Generische:* das Gattungsmäßige.
97,13 ff. *Daher man auch ...:* Diese Anmerkung mag Goethe irrtümlich wohl auf sich bezogen haben, wenn er in den *Annalen* (Weimarer Ausgabe I, 36, 249) »gewisse harte Stellen« des Aufsatzes rügt. Schillers Naturauffassung mag noch dazu beigetragen haben, die Fremdheitsgefühle Goethes gegenüber Schiller zu steigern.
97,14 *Obesität:* Fettsucht.
102,26 ff. *Der Mensch unterdrückt ...:* An dieser Stelle beginnt Schillers Auseinandersetzung mit Kants Ethik und sein Versuch, die beiden getrennten Bereiche des Sinnlichen und des Geistigen im Begriff der Anmut zu versöhnen, einem Zustand, in dem »Pflicht und Neigung zusammenstimmen« (S. 105,6 f.).
106,13 u. 15 Die Ausdrücke *Rigorist* (kompromißloser Verfechter von Grundsätzen) und *Latitudinarier* (liberaler Ausleger sittlicher Forderungen) übernahm Schiller aus Kants Schrift *Die Religion innerhalb der Grenzen der bloßen Vernunft* (1793), die Schiller Anfang des Jahres gelesen hatte (Brief an Körner vom 28. Febr. 1793). Mit diesem Abschnitt beginnt die behutsame Kritik Schillers an Kants Moralphilosophie, die er selbst als »Angriff« verstand. In der 2. Auflage seiner *Religion innerhalb ...* (1794) geht Kant in einer längeren Anmerkung auf Schillers Abhandlung ein: Er lobt die von »Herrn Professor Schiller mit Meisterhand verfaßte Abhandlung«, meint, daß sie »in den wichtigsten Prinzipien einig« seien, und er beseitigt dann die Unstimmigkeiten, indem er einige Begriffe genau bestimmt. Schiller war erfreut und stolz, daß Kant seine Schrift gelesen und gelobt hat (Brief an Körner 18. Mai 1794). Aufschlußreich ist in diesem Zusammenhang auch ein Brief an Friedrich Heinrich Jacobi vom 29. Juni 1795: »Da wo ich bloß niederreiße und gegen andere Lehrmeinungen offensiv verfahre, bin ich streng kantisch; nur da wo ich aufbaue, befinde ich mich in Opposition gegen Kant.« Freilich sollte man auch an Schillers Xenion erinnern, durch das er später Kants ethischen Rigorismus verspottete: »Gerne dien ich den Freunden, doch tu ich es leider mit Neigung, / Und so wurmt es mir oft, daß ich nicht tugendhaft bin.«

108,10 *grober Materialismus:* Gemeint ist wohl eine Richtung der französischen Aufklärung.
108,14 f. *Perfektionsgrundsatz:* gegen die von Leibniz stammende Lehre von der besten aller möglichen Welten, wonach selbst Übel und Schuld dazu beitragen, daß die Welt sich zur Vollkommenheit entwickelt.
108,24 *enthusiastischer Ordensgeist:* Anspielung auf die geheimen Gesellschaften der Freimaurer und Illuminaten.
108,32 *Drako:* Drakon, athenischer Gesetzgeber, der 621 v. Chr. erstmals die Gesetze des Strafrechts aufzeichnete, die wegen ihrer Strenge berühmt wurden.
Solon: Athenischer Gesetzgeber, dessen Gesetze im Unterschied zu den ›drakonischen‹ menschlicher und weiser waren. Vgl. auch Schillers Vorlesung *Die Gesetzgebung des Lykurgus und Solon,* die 1790 in der *Thalia* erschien.
108,35 *so bekannte Moralgesetz:* Kants kategorischer Imperativ: »Handle nur nach derjenigen Maxime, durch die du zugleich wollen kannst, daß sie ein allgemeines Gesetz werde.«
109,3 *Kinder des Hauses:* nach dem Neuen Testament Joh. 8,32 f., Röm. 8,14 ff., 1. Kor. 7,22.
109,9 *Laxität:* Nachgiebigkeit, Schlaffheit.
109,10 *Konvenienz:* Bequemlichkeit.
Rigidität: Strenge, Starrheit, Unnachgiebigkeit.
109,35 ff. *Glaubensbekenntnis...:* Kants Schrift *Die Religion innerhalb der Grenzen der bloßen Vernunft* wird hier von Schiller falsch zitiert. Kants »Glaubensbekenntnis von der menschlichen Natur« ist wohl, daß der Mensch von Natur aus radikal böse sei, wogegen Schiller aufs heftigste protestiert; in einem Brief an Körner vom 28. Februar 1793 heißt es dazu: »Zwar ist einer seiner ersten Grundsätze darin empörend für mein, und wahrscheinlich auch Dein Gefühl. Er behauptet nämlich eine Propension des menschlichen Herzens zum Bösen, das er das radikale Böse nennt.«
110,1 *austeren Geist:* strenge Forderung.
111,1 *schöne Seele:* Schillers berühmte Definition hat Ähnlichkeit mit dem griechischen Begriff der Kalokagathie, Shaftesburys Begriff der ›moral grace‹ und Wielands Philosophie der Grazien. Allerdings sollte man auch hier die Unterschiede zum zeitgenössischen Gebrauch des Begriffs nicht übersehen: Schiller meint mit seinem Begriff weniger ein nur liebenswürdiges Gleichgewicht von Verstand und Sinnlichkeit als den Versuch einer idealen Aussöhnung des übersinnlichen Prinzips mit dem sinnlichen Dasein des Menschen. Für Schiller existiert die ›Schöne Seele‹ nicht in ungestörter Harmonie; unter dem Angriff der Sinnlichkeit muß sie erhaben werden. – Über den Zusammenhang mit den *Kallias*-Briefen vergleiche Nachwort S. 168 f.

112,20 ff. *Man wird ...:* ähnlich in Schillers Gedicht *Tugend des Weibes* und in Sulzers Artikel *Reiz*.

113,9 *affektionierte Handlungen:* Handlungen, die aus einem Gefühl entspringen. Im *Kallias*-Brief vom 23. Februar 93 sagt er von solchen Handlungen, daß sie uns »mehr gefallen als rein moralische, weil sie Freiwilligkeit zeigen, weil sie durch die Natur (den Affekt), nicht durch die gebieterische Vernunft wider das Interesse der Natur vollbracht werden« (S. 55).

113,18 *Würde:* Angesichts dieser Zweiteilung des Aufsatzes hat man Schiller immer wieder seinen lebensfernen Dualismus vorgehalten. Doch sollte man zweierlei nicht übersehen: Die Zweiteilung des Essays ist eine methodische Notwendigkeit, die der größeren Klarheit der Begriffe dient; andererseits hat Schiller mehrfach in der Abhandlung betont, daß »die menschliche Natur [...] ein verbundeneres Ganzes in der Wirklichkeit [ist], als es dem Philosophen, der nur durch Trennen was vermag, erlaubt ist, sie erscheinen zu lassen« (S. 110, ähnlich S. 87). Schiller zeigt – in methodisch notwendiger Isolierung – die beiden Pole des Daseins, zwischen denen der irdische Mensch steht: die spielerische Verwirklichung der Freiheit in der Anmut und die erhabene Verwirklichung der Freiheit in der Würde. Anmut und Würde, Schönheit und Erhabenheit bedingen und ergänzen sich gegenseitig. – Dieser Teil des Essays gehört eng zusammen mit dem gleichzeitig für die *Neue Thalia* entstandenen Aufsatz *Vom Erhabenen;* beide werden wichtig für Schillers Dramentheorie.

115,9 *moralischen Gebrauch:* die Kraft des Willens, moralisch zu handeln.

115,10 *der bloße Wille:* Schon die Vorstellung, daß der Mensch kraft seines Willens frei handeln kann, ist ästhetisch erhebend.

115,36 *Reinholdische Briefe:* Karl Leonhard Reinhold (1758–1823) war von 1787 bis 1794 Professor für Philosophie in Jena, danach in Kiel. Als begeisterter Kantianer verfaßte er 1786/87 für Wielands *Teutschen Merkur* die *Briefe über die Kantische Philosophie*, die als eine erste allgemeinverständliche Deutung der Philosophie Kants sehr zur Rezeption dieser Philosophie in Deutschland beitrugen. Schiller bezieht sich hier auf die Buchausgabe, Leipzig 1790–92, Bd. II, 174 ff.

119,1 *moralisch groß:* Eine präzise Unterscheidung der Begriffe ›groß‹ und ›erhaben‹ findet sich in der zur gleichen Zeit entstandenen Studie *Vom Erhabenen:* »*Groß* ist, wer das Furchtbare überwindet. *Erhaben* ist, wer es, auch selbst unterliegend, nicht fürchtet. [...] Groß kann man sich im Glück, erhaben nur im Unglück zeigen« (Säkular-Ausgabe XII, 308).

119,7 *Temperamentstugend:* Tugendhaftigkeit als Naturanlage.

121,11 ff. *Gesetzt, wir erblicken ...:* Dieser Abschnitt erinnert sehr an Winckelmanns Beschreibung der Laokoongruppe, die Schiller in seinem Aufsatz *Über das Pathetische* (1793) ausführlich zitiert.

121,35 f. *In einer Untersuchung ...*: Gemeint ist der schon mehrfach erwähnte Aufsatz *Vom Erhabenen*.
122,33 f. *Indulgenz:* Nachsicht.
125,17 f. *heiliges Palladium:* höchstes Gut.
126,33 *Lizenz:* Freiheit, Ungebundenheit.
127,12 *die Antiken:* die griechischen Statuen.
127,13 f. *belvederischen Apoll:* so genannt nach seinem Ausstellungsort, der vatikanischen Skulpturensammlung im Belvedere.
127,14 *borghesischen geflügelten Genius:* ebenfalls nach dem Ausstellungsort, der römischen Villa Borghese, benannt.
127,15 *Barberinischen Palastes:* Palazzo Barberini in Rom.
127,17 ff. *Winckelmann:* All diese antiken Skulpturen hatte Winckelmann in seiner *Geschichte der Kunst des Altertums* beschrieben. Die »Wiener Ausgabe«, auf die Schiller hier verweist, erschien 1776.
129,24 ff. *Das Gefühl der Unangemessenheit ...*: Der genaue Wortlaut dieser Stelle ist: »Das Gefühl der Unangemessenheit unseres Vermögens zur Erreichung einer Idee, die für uns Gesetz ist, ist Achtung« (KU, § 27).
132,17 f. *Soliman, Roxelane:* Figuren des Dramas *Soliman der Zweite* von dem Franzosen Charles Simon Favart, das Lessing im 33. Stück seiner *Hamburgischen Dramaturgie* bespricht.

Literaturhinweise

Basch, Victor: Le Kallias de Schiller. In: Mélanges Henri Lichtenberger. Paris 1934. S. 99–121.
Bauke, Joseph P.: Christian Gottfried Körner – Portrait of a Literary Man. Diss. New York (Col.) 1963.
Baumecker, Gottfried: Schillers Schönheitslehre. Heidelberg 1937.
Berger, Karl: Die Entwicklung von Schillers Ästhetik. Weimar 1894.
Berghahn, Klaus L.: Ästhetik und Politik im Werk Schillers. Zur jüngsten Forschung. In: Monatshefte 66 (1979) S. 401–421.
– Ästhetische Reflexion als Utopie des Ästhetischen. Am Beispiel Schillers. In: Utopieforschung. Interdisziplinäre Studien zur neuzeitlichen Utopie. Hrsg. von Wilhelm Voßkamp. Bd. 3. Stuttgart 1982. S. 146–171.
– Schiller. Ansichten eines Idealisten. Frankfurt a. M. 1986.
Brandstetter, Gabriele: »Die Bilderschrift der Empfindungen«. Jean-Georges Noverres »Lettres sur la danse et sur les ballets« und Friedrich Schillers Abhandlung »Über Anmut und Würde«. In: Schiller und die höfische Welt. Hrsg. von Achim Aurnhammer. Tübingen 1990. S. 77–93.
Cadete, Teresa R.: Schillers Ästhetik als Synchronisierung seiner anthropologischen und historischen Erkenntnisse. In: Weimarer Beiträge 37 (1991) H. 6. S. 839–852.
Cassirer, Ernst: Die Methodik des Idealismus in Schillers philosophischen Schriften. In: E. C.: Idee und Gestalt. Berlin 1921. S. 81 bis 111.
Danzel, Theodor Wilhelm: Über Schillers Briefwechsel mit Körner. In: Th. W. D.: Zur Literatur und Philosophie der Goethezeit (1855). Neu hrsg. von Hans Mayer. Stuttgart 1962.
Düsing, Wolfgang: Ästhetische Form als Darstellung der Subjektivität. Zur Rezeption kantischer Begriffe in Schillers Ästhetik. In: Friedrich Schiller. Zur Geschichtlichkeit seines Werkes. Hrsg. von Klaus L. Berghahn. Kronberg 1975. S. 197–239.
Ellis, J. M.: Schiller's Kalliasbriefe and the Study of his Aesthetic Theory. The Hague 1969.
Ewers, Hans-Heino: Die schöne Individualität. Zur Genesis des bürgerlichen Kunstideals. Stuttgart 1978.

Floss, Ulrich: Kunst und Mensch in den ästhetischen Schriften Friedrich Schillers. Versuch einer kritischen Interpretation. Köln/Wien 1989.

Gneisse, Carl: Schillers Lehre von der ästhetischen Wahrnehmung. Berlin 1893.

Hamburger, Käte: Schillers Fragment »Der Menschenfeind« und die Idee der Kalokagathie. In: Deutsche Vierteljahrsschrift für Literaturwissenschaft und Geistesgeschichte 30 (1956) S. 367–400.

Henrich, Dieter: Der Begriff des Schönen in Schillers Ästhetik. In: Zeitschrift für philosophische Forschung 11 (1957) S. 527–547.

Hinderer, Walter: Aspects of Schiller's Philosophy of Art. In: Philosophy and Art. Ed. by Daniel O. Dahlstrom. Washington (D. C.) 1991. S. 193–208.

– Utopische Elemente in Schillers ästhetischer Anthropologie. In: Literarische Utopie-Entwürfe. Hrsg. von Hiltrud Gnüg. Frankfurt a. M. 1981. S. 173–186.

Huebner, Kathinka: Die Kallias-Briefe von Friedrich Schiller – eine Analyse des Kunstschönen. Eine Darstellung der Kunsttheorie Friedrich Schillers mit semiotischen Mitteln. In: Zeitschrift für Literaturwissenschaft und Linguistik 7 (1977) H. 27/28. S. 173 bis 187.

Kerry, Stanley S.: Schiller's Writings on Aesthetics. Manchester 1961.

Kühnemann, Eugen: Kants und Schillers Begründung der Ästhetik. München 1895.

Latzel, Siegbert: Die ästhetische Vernunft. Bemerkungen zu Schillers Kallias, mit Bezug auf die Ästhetik des 18. Jahrhunderts. In: Literaturwissenschaftliches Jahrbuch im Auftrage der Görres-Gesellschaft N. F. 2 (1961) S. 31–40.

Lukács, Georg: Zur Ästhetik Schillers. In: G. L.: Beiträge zur Geschichte der Ästhetik. Berlin 1954. S. 11–96.

Michaelis, Carl Theodor: Über Schillers Kallias. Berlin 1882.

Muehleck-Müller, Cathleen: Schönheit und Freiheit. Die Vollendung der Moderne in der Kunst. Schiller und Kant. Würzburg 1989.

Pfotenhauer, Helmut: Anthropologie, Transzendentalphilosophie, Klassizismus: Begründung des Ästhetischen bei Schiller, Herder und Kant. In: Anthropologie und Literatur um 1800. Hrsg. von Jürgen Barkhoff und Eda Sagarra. München 1992. S. 72–97.

Puntel, Kai: Die Struktur künstlerischer Darstellung. Schillers Theorie der Versinnlichung in Kunst und Literatur. München 1986.

Rosalewski, Willy: Schillers Ästhetik im Verhältnis zur Kantischen. Heidelberg 1912.

Stockum, Theodorus Cornelis van: Christian Gottfried Körner als Berater Schillers. In: Neophilologus 39 (1955) S. 103–114.

Strube, Werner: Schillers Kallias-Briefe oder über die Objektivität der Schönheit. In: Literaturwissenschaftliches Jahrbuch N. F. 18 (1977) S. 115–131.

Tiedge, Johannes: Schillers Lehre über das Schöne. Leipzig 1913.

Ueding, Gert: Rhetorik und Ästhetik in Schillers theoretischen Abhandlungen. In: Friedrich Schiller. Zur Geschichtlichkeit seines Werkes. Hrsg. von Klaus L. Berghahn. Kronberg 1975. S. 159 bis 195.

Ulrich, Joachim: Schillers Begriff vom Schönen. (Diss. Jena 1927.) Weida i. Thür. 1927.

Usinger, Fritz: Friedrich Schiller und die Idee des Schönen. Mainz 1955.

Vorländer, Carl: Kant, Schiller, Goethe. Leipzig 1907.

Wernly, Julia: Prolegomena zu einem Lexikon der ästhetisch-ethischen Terminologie Friedrich Schillers. Leipzig 1909.

Wiese, Benno von: Friedrich Schiller. Stuttgart 1959.

Wilcox, Kenneth P.: Anmut und Würde. Die Dialektik der menschlichen Vollendung bei Schiller. Bern / Frankfurt a. M. / Las Vegas 1981.

Nachwort

I

Die Freundschaft zwischen Friedrich Schiller (1759–1805) und Christian Gottfried Körner (1756–1831) gehört zu den vernachlässigten Themen der Literaturgeschichtsschreibung. Von den drei großen Freunden, die Schillers Leben und geistige Entwicklung bestimmten, kann Christian Gottfried Körner als der vergessenste bezeichnet werden. Die Bedeutung, die Goethe und Wilhelm von Humboldt für Schillers Produktivität hatten, wurde vielfach beschrieben, ihre Briefwechsel mit Schiller konstituieren unser Bild der deutschen Klassik. Doch aus dem bedeutenden Briefwechsel zwischen Schiller und Körner, einem ebenso wichtigen menschlichen wie epochalen Zeugnis, werden bestenfalls einige Schiller-Briefe zitiert, während der geistvolle Korrespondent Körner kaum noch Erwähnung findet. Dies erscheint um so erstaunlicher, als Christian Gottfried Körner der bevorzugte Korrespondent Schillers war und ihr Briefwechsel daher umfangreicher als jeder andere ist.

An diesem Versäumnis der Forschung trägt Körner selbst einen Teil der Schuld, denn im Gegensatz zu Wilhelm von Humboldt weigerte er sich zeit seines Lebens, seinen Briefwechsel mit Schiller herauszugeben, da er ihm zu privat schien. In seiner biographischen Skizze *Nachrichten von Schillers Leben* (1812) unterschlug er seine Rolle in Schillers Leben. Wichtiger dürfte es jedoch sein, daß Christian Gottfried Körner schon zu seinen Lebzeiten im Schatten seines Sohnes Theodor stand und dessen Nachruhm so sehr förderte, daß über den Talmiglanz von Theodors vaterländischen Gesängen der Freund Schillers in Vergessenheit geriet. ›Leier und Schwert‹, die obskure Synthese, die unsere Großväter schätzten, verdrängte den humanen Kunstkenner aus dem

literarischen Bewußtsein. Was man von Christian Gottfried Körner noch in Erinnerung hielt, findet sich meist in einem Kapitel jeder Schiller-Biographie: Körner als wohltätiger Freund Schillers in den Jahren 1784 bis 1787, danach Randfigur in Schillers Leben. Diese Anfänge einer enthusiastischen Freundschaft möglichst ausführlich und rührend zu beschreiben, hat sich kaum ein Schiller-Biograph entgehen lassen; doch über die literarischen Folgen dieser Freundschaft schweigen die meisten Chronisten. Eine solche Reduktion der Beziehung zwischen Körner und Schiller auf einen Lebensabschnitt Schillers und auf ein menschlich schönes Verhältnis verkleinert nicht nur das Format Körners, sondern verkennt auch Körners Einfluß auf Schillers Werk.
Als Schiller 1785 der Einladung seines ihm noch unbekannten Verehrers nach Leipzig folgte, traf er in dem drei Jahre älteren Körner einen ihm an Bildung, Geschmack und Welterfahrung überlegenen Freund. In den Jahren 1787 bis 1794 war Körner für Schiller ein intellektuell ebenbürtiger Diskussionspartner; und in der Zeit der Schiller-Goethe-Freundschaft war er der anerkannte Kritiker ihrer Werke, der Dritte im Bunde. Als solchen schätzte ihn Schiller vor allen. »Kunstkritik ist eigentlich das rechte Fach für meinen Freund Körner«, schrieb er am 25. Februar 1789 an seine Schwägerin Caroline von Beulwitz und als Kompliment an Körner: »Selten, nur selten trifft sich's, daß in einem Kopfe kritische Strenge und eine gewisse kühne Toleranz, Achtung und Billigkeit gegen das Genie usw. sich beisammen finden, und das findet sich bei Dir« (1. Dez. 1788). Dieses Urteil teilte Goethe; nach der Lektüre eines Körner-Briefes, der eine ausführliche Kritik des *Wilhelm Meister* enthielt, schrieb er an Schiller: »Die Klarheit und Freiheit, womit er seinen Gegenstand übersieht, ist wirklich bewundernswert, er schwebt über dem Ganzen, übersieht die Teile mit Eigenheit und Freiheit, nimmt bald da, bald dort einen Beleg zu seinem Urteil heraus, komponiert das Werk, um es nach seiner Art wieder zusammenzustellen« (19. Nov. 1796). Solche Zeugnisse ließen sich leicht vermehren, doch sollen diese Hinweise genügen.

Wenden wir uns nun jener zweiten Phase ihrer Freundschaft zu, die mit der Abreise Schillers aus Dresden beginnt und mit der der Briefwechsel eigentlich erst einsetzt, so ist es vor allem der philosophisch kenntnisreiche Körner, der für Schiller zum anregenden Gesprächspartner wird. Schiller, der in den folgenden Jahren fast ausschließlich historische und philosophische Studien trieb, konnte sich keinen aufmerksameren und kritischeren Diskussionspartner wünschen. Vor allem Schillers Theorie der Kunst – soviel sie auch Kant verdankt – erwuchs aus dieser Korrespondenz. Es ist daher nicht erstaunlich, daß sich Schillers erste selbständige Überlegungen zu ästhetischen Problemen, die schon die Schlüsselbegriffe seiner Ästhetik enthalten, in seinem Briefwechsel mit Körner finden: gemeint ist das sogenannte *Kallias*-Fragment, das im Briefwechsel zwischen dem 25. Januar und dem 28. Februar 1793 seinen Platz hat.

Wir wissen heute, daß Körner nicht Schillers alleiniger Führer zu Kant war. Schillers Bekanntenkreis in Jena bestand zum großen Teil aus Kantianern. Kants Lehre scholl Schiller bis zum Überdruß entgegen, so daß es ihm schließlich als »ziemlich ausgemacht« erschien, daß er den Königsberger Philosophen noch lesen und studieren werde. Als Körner schon verdrießlich wird, da er Schiller für den Schwerverständlichen nicht begeistern kann, berichtet ihm Schiller am 3. März 1791 überraschend: »Du errätst wohl nicht, was ich jetzt lese und studiere? Nichts Schlechteres als *Kant*. Seine Kritik der Urteilskraft, die ich mir selbst angeschafft habe, reißt mich hin durch ihren lichtvollen geistreichen Inhalt.« Diese »philosophische Bekehrung« und Schillers erste Begeisterung macht sich Körner gleich zunutze; in seinem Antwortbrief vom 13. März trägt er ihm seine Kritik der kantischen Ästhetik vor, die in der Forderung nach einem objektiven Prinzip der Schönheit gipfelt: »Kant spricht bloß von der Wirkung der Schönheit auf das *Subjekt*. Die *Verschiedenheit* schöner und häßlicher Objekte, die in den Objekten selbst liegt und auf welcher diese Klassifikation beruht, untersucht er nicht. Daß diese Untersuchung fruchtlos sein würde, behauptet er ohne Beweis, und es fragt sich, ob dieser Stein der Weisen nicht noch zu finden wäre.« Damit ist das Programm umrissen, auf das sich ihre gemeinsame Aufmerksamkeit konzentrieren wird.

Es vergehen weitere eineinhalb Jahre, ehe Schiller dieses ästhetische Problem wiederaufnimmt. Bei der wiederholten Lektüre der *Kritik der Urteilskraft* als Vorbereitung eines Privatissimum über Ästhetik klärt sich sein Verständnis der Ästhetik Kants, und es beginnt seine eigene produktive Auseinandersetzung mit Kants Schönheitsauffassung. An Körner schreibt er am 21. Dezember 1792 darüber: »Über die Natur des Schönen ist mir viel Licht aufgegangen, so daß ich Dich für meine Theorie zu erobern glaube. Den objektiven Begriff des Schönen, der sich eo ipso auch zu einem objektiven Grundsatz des Geschmacks qualifiziert und an welchem Kant verzweifelt, glaube ich gefunden zu haben.« Schiller wollte seine Abhandlung in der Form eines philosophischen Dialogs unter dem Titel *Kallias oder über die Schönheit* erscheinen lassen. Aus diesem Plan wurde jedoch nichts. Die Abhandlung blieb ein fragmentarischer Dialog zwischen den Freunden, den Schiller abbrach und der nur durch den Schiller-Körner-Briefwechsel auf uns kam. Diese *Kallias*-Briefe bilden die Grundlage von Schillers Schönheitslehre. Sie stehen biographisch und thematisch in unmittelbarer Beziehung zu Schillers großen ästhetischen Abhandlungen *Über Anmut und Würde* und *Über die ästhetische Erziehung des Menschen in einer Reihe von Briefen,* die sich beide nur auf dem Hintergrund der *Kallias*-Briefe gründlich deuten lassen.

II

Läßt sich ein objektives Prinzip der Schönheit und damit ein objektiver Maßstab, was schön sei, finden? Diese zentrale Frage beschäftigte die Freunde im *Kallias*-Briefwechsel. Beide empfanden es als unbefriedigend, daß Kant die Möglichkeit eines solchen Prinzips geleugnet hatte. Im § 34 der *Kritik der*

Urteilskraft, der in diesem Zusammenhang besonders wichtig ist, lesen wir: »Unter einem Prinzip des Geschmacks würde man einen Grundsatz verstehen, unter dessen Bedingung man den Begriff eines Gegenstandes subsumieren und alsdann durch einen Schluß herausbringen könnte, daß er schön sei. Das ist aber schlechterdings unmöglich.«

Um die Kant-Kritik der Freunde und ihren Versuch, den »Stein der Weisen« trotz der Skepsis des Königsberger Weisen zu finden, besser zu verstehen, empfiehlt es sich, auf Kants Philosophie des Schönen näher einzugehen.

Kants »Kritik der ästhetischen Urteilskraft« (1. Teil der *Kritik der Urteilskraft*) muß man im Zusammenhang seiner kritischen Hauptschrift sehen, d. h. auch in seiner Ästhetik fragt er in transzendentaler Absicht nach den menschlichen Bedingungen, das Schöne zu erkennen, und nach der Möglichkeit allgemeingültiger Urteile über das Schöne. Wer also in Kants Ästhetik eine Lehre des guten Geschmacks erwartet, sieht sich bald getäuscht, denn das Schöne wird nur als Sonderfall menschlicher Erkenntnis behandelt, er fragt nur nach der eigentümlichen Form der Urteile über das Schöne. Die Ergebnisse seiner Überlegungen werden daher auch nicht an den Künsten erprobt; wenn Kant hin und wieder etwas durch ein Beispiel erläutert, so sind es gerade diese Beispiele, die uns am wenigsten an seiner Ästhetik interessieren: Sein Lob über ein Gedicht Friedrichs II. oder die Verdeutlichung der ästhetischen Idee durch die Verszeile: »Die Sonne quoll hervor, wie Ruh aus Tugend quillt.« (§ 49) würden wir kaum noch lobenswert finden. Doch darüber mag lächeln, wer die Ignoranz besitzt und Kants kritischen Ansatz nicht versteht. Kant geht es nicht um eine Analyse schöner Gegenstände, sondern um die besondere Beschaffenheit der Geschmacksurteile als Modifikation menschlicher Erkenntnis. Ein Kritiker hat diesen Befund überspitzt so formuliert: Kants *Kritik der Urteilskraft* sei aus einem spezifisch wissenschaftlichen Interesse entstanden, fast könne man sagen bei größter Gleichgültigkeit gegen die Kunst. Ohne seine Lehre vom Schönen bis in die Einzelheiten zu rekapitulieren, dürfte so

viel schon deutlich sein, daß Kant auch in der Ästhetik nur daran interessiert ist, welchen Erkenntnisprozeß die Vorstellung schöner Gegenstände in uns auslöst. Doch wie unterscheiden sich dann Erkenntnistheorie und Ästhetik, ein Erkenntnisurteil von einem Geschmacksurteil?
Die Urteilskraft ist kein spezifisch ästhetisches Instrument des Menschen; sie ist ganz allgemein das Vermögen, die Objekte mit dem menschlichen Geist, das Besondere mit dem Allgemeinen zu verbinden, indem sie zwischen Einbildungskraft und Verstand vermittelt. Bei einem Erkenntnisurteil wird der durch die Einbildungskraft vorgestellte Gegenstand durch den Verstand begrifflich erfaßt, d. h. seine Realität wird gesetzmäßig begründet. Bei einem Geschmacksurteil harmonieren Einbildungskraft und Verstand in besonderer Weise: die Einbildungskraft umspielt die Gestalt des Gegenstandes, und seine Vorstellung gibt dem Verstand viel zu denken, ohne daß er diese auf die Einheit eines Begriffs beziehen muß. Unabsichtlich, in einem freien Spiel, kommen die beiden Erkenntnisvermögen im ästhetischen Zustand zusammen und ermöglichen eine leichtere Erkenntnis, leichter deshalb, weil die Erkenntnis nicht auf Begriffe gebracht werden muß, der Verstand nicht auf eine gesetzmäßige Begründung der Realität des schönen Gegenstandes dringt. Das ästhetische Verhalten des Geistes begründet also eine besondere Art der Erkenntnis, erweitert unser Erkenntnisvermögen – und nur dies interessiert Kant. Aus diesem eigentümlichen Ansatz seiner Ästhetik folgen seine Erklärungen des Schönen.
Die Harmonie der Erkenntnisvermögen, die sich bei der Betrachtung des schönen Gegenstandes einstellt, wird von uns als ein Gefühl der Lust wahrgenommen. Dieser eigentümliche Gemütszustand bildet das entscheidende Kriterium bei der Erkenntnis des Schönen. Nicht der schöne Gegenstand, der außer mir existiert, ist für Kant von primärer Bedeutung, sondern die wahrgenommene Harmonie ist die eigentliche ästhetische Realität. Nur wenn man sich auf den Standpunkt der kantischen Subjektivitätstheorie stellt, wird es einigermaßen einleuchtend, wieso die Objektivität des Ästheti-

schen im Gefühl begründbar ist und nicht im schönen Gegenstand, der für Kant eben nur in der Einbildung des Subjekts existiert. Wegen dieses subjektiven Charakters des Ästhetischen kann Kant sagen: Es gibt kein objektives Prinzip des Geschmacks.

Dennoch war Kant weit davon entfernt, den ästhetischen Genuß dem bloß Subjektiven, im Sinne des Privaten, preiszugeben, wie die Sensualisten ihn verstanden. Er unternimmt erhebliche Anstrengungen, die Allgemeingültigkeit des ästhetischen Gefühls und des Geschmacksurteils zu begründen. Von den vier Wesenszügen des Schönen, die Kant ausführlich diskutiert, wollen wir uns für unseren Zusammenhang den wichtigsten herausgreifen. Wieso kann Kant von einer Objektivität des ästhetischen Genusses sprechen?

Es gehört zur Besonderheit des ästhetischen Gemütszustandes, daß er allgemein mitteilbar ist, ja das Geschmacksurteil tritt mit dem Anspruch auf, daß ihm jedermann beipflichten solle. Würde man das ästhetische Urteil dem Belieben des einzelnen überlassen, so wäre keine allgemeine Lehre vom Schönen möglich. Angesichts des Schönen urteilen wir so, als ob jeder unserem Urteil zustimmen müsse, wir muten jedem dasselbe Wohlgefallen zu. Diese problematische Verbindung von subjektivem Erleben und objektivem Anspruch versuchte Kant dadurch zu lösen, daß er einen ästhetischen Gemeinsinn postulierte, wonach ein Geschmacksurteil gleichsam jedermann als Pflicht zugemutet wird. Dieser ästhetische Gemeinsinn kann natürlich nur ein regulatives Prinzip, eine Idee sein, die auf ein reines Geschmacksurteil zielt, das mit dem Anspruch auf Notwendigkeit und Allgemeingültigkeit für alle auftritt. Da sich nach Kant – wie wir andeuteten – kein ein für allemal gültiges Prinzip des Schönen entwickeln läßt, stellt er der Menschheit die Aufgabe, den ästhetischen Gemeinsinn als Kulturideal zu verwirklichen.

Mit diesem Befund wollten sich Körner und Schiller nicht zufriedengeben. Für sie war das Schöne weniger ein Erkenntnisproblem als ein akutes Problem der Kunst und des Urteilens über Kunst. Sie wollten dem schönen Gegenstand gerecht werden, denn ist es nicht vor allem das Kunstschöne, mit dem wir uns in der Ästhetik beschäftigen. Welche besonderen Qualitäten zeichnen den schönen Gegenstand aus, und welche objektive Bewertungsgrundlage des Schönen ergibt sich daraus? Diese Objektbezogenheit charakterisiert ihr ästhetisches Fragen.

Nun ist es möglich – und zu oft verfuhr man so –, die punktuelle Kant-Kritik der Freunde und ihre neue Fragestellung zu einem grundsätzlichen Gegensatz zu dramatisieren, sich auf die Seite Kants zu schlagen, um die Häretiker zu widerlegen. Dazu besteht keine Veranlassung, denn Schiller hat wiederholt anerkannt, wie wichtig und richtig Kants Theorie der Subjektivität für die Ästhetik sei, sie ist der Ansatz seines Denkens.

Kants Fragestellung konzentrierte sich von Anfang an mehr auf das wahrnehmende Subjekt als auf das wahrgenommene Objekt. Wenn Schiller nun versucht, die Qualitäten des schönen Gegenstandes genauer zu bestimmen, da er in ihnen die Wirkung des Schönen auf das Subjekt zu begründen hofft, so gerät er dadurch nicht zwangsläufig in einen Gegensatz zu Kant. Kant verbietet es nicht, sich mit den schönen Gegenständen zu beschäftigen, und er leugnet ihre Existenz durchaus nicht, denn sie lösen das ästhetische Erlebnis in uns aus.

Kant und Schiller stimmen darin überein, daß das Erlebnis des Schönen ein Vorgang im Menschen sei. Doch diese subjektive Seite der Ästhetik hatte Kant zur Genüge beschrieben. Ohne Kants subjektiven Ansatz zu leugnen, legte Schiller in seinen Überlegungen den Nachdruck auf die dingliche Seite des Problems. Warum sollte man nicht den Versuch unternehmen, durch eine gründliche Analyse des schönen Gegenstandes unser Wissen über das Schöne zu erweitern?

Beide Denker sind überzeugt, daß das Erlebnis des Schönen nicht bloß eine Privatsache sei, sondern daß es möglich sei, allgemeinverbindliche Aussagen über das Schöne zu machen. Doch während Kant die Möglichkeit eines objektiven Schönheitsprinzips leugnet, sieht Schiller in der Auffindung eines solchen Prinzips seine Aufgabe. Das ist der Punkt, an dem Schiller und Körner Kant ihre Gefolgschaft aufkündigen, um eigene Wege zu gehen. Es wäre zynisch, nur ihr Scheitern festzuhalten, ohne das Fortschrittliche ihrer Fragestellung auch nur zu erwähnen.

»Die Schwierigkeit, einen Begriff der Schönheit objektiv aufzustellen und ihn aus der Natur der Vernunft völlig a priori zu legitimieren, so daß die Erfahrung ihn zwar durchaus bestätigt, aber daß er diesen Ausspruch der Erfahrung zu seiner Gültigkeit gar nicht nötig hat, diese Schwierigkeit ist fast unübergehbar. Ich habe wirklich eine Deduktion meines Begriffs vom Schönen versucht, aber es ist ohne das Zeugnis der Erfahrung nicht auszukommen« (S. 5). Damit hat Schiller gleich zu Beginn der *Kallias*-Briefe das Problem und Dilemma seiner Fragestellung klar umrissen. Er möchte den Grundsatz des Geschmacks völlig a priori entwickeln und muß doch bemerken, daß er ohne die Erfahrung nicht auskommt. Würde er aber ausschließlich empirisch verfahren, so käme das einer Volksabstimmung über das Schöne gleich, und es wäre nicht einmal sicher, ob sich aus dem Durchschnittswert einer solchen Umfrage ein einigermaßen brauchbarer ästhetischer Standard ergäbe. Selbst Kants regulatives Prinzip eines ästhetischen Gemeinsinns fordert nur eine maximale Übereinkunft, ohne über die Qualität des Urteils zu meditieren.

Ein anderer Weg wäre die Analyse schöner Gegenstände, deren gemeinsame Qualitäten dann ein verbindliches ästhetisches Urteil ermöglichten. Doch dagegen ließe sich, wie Schiller selbst bemerkt, einwenden, daß dieses Urteil nur für die analysierten Gegenstände gelte, aber nicht grundsätzlich anzuerkennen sei. Die Erfahrung, so wichtig sie auch im Gebiet der Ästhetik sein mag, taugt nicht als Grundlage für ein objektives Prinzip des Geschmacks. Dieses müßte vor aller Erfahrung feststehen und durch diese nur bestätigt werden. Womit wir wieder am Anfang stehen.

Trotz dieser offensichtlichen Schwierigkeiten versuchte sich Schiller an einer Deduktion seines Schönheitsbegriffs. Diese

Deduktion im Brief vom 8. Februar 1793, darin sind sich alle Kritiker Schillers einig, mag man seltsam finden, eine Deduktion nach kantischer Fasson ist sie sicher nicht. Es wird durch Schillers Beweisführung nicht einleuchtend, wieso Schönheit und Freiheit in der Erscheinung notwendig zusammengehören. Seine Schönheitsdefinition enthält kein positives Merkmal, das uns nötigen könnte, einen Gegenstand schön zu nennen. Körner hat das als erster bemerkt; in seinem Antwortbrief vom 15. Februar heißt es: Der »Hauptsatz« der Theorie habe »etwas äußerst Befriedigendes«, doch gleich darauf folgt der grundsätzliche Einwand: »Dein Prinzip der Schönheit ist bloß subjektiv; es beruht auf der Autonomie, welche zu der gegebenen Erscheinung *hinzugedacht* wird« (S. 18). In den Briefen vom 18. und 19. Februar versucht Schiller, seine Beweislücke zu schließen, indem er sich der Frage zuwendet, welche Eigenschaft des Objekts die Anwendung seiner Definition ermöglichen könnte. Aber schon im nächsten Brief (23. Febr.), ohne jeden Einwand des Freundes, macht er selbst darauf aufmerksam: »Daß diejenige Eigenschaft der Dinge, die wir mit dem Namen Schönheit bezeichnen, mit dieser Freiheit in der Erscheinung eins und dasselbe sei, ist noch gar nicht bewiesen; und das soll von jetzt an mein Geschäft sein« (S. 33). Was dann als große Abhandlung unter dem Titel *Freiheit in der Erscheinung ist eins mit der Schönheit* folgt, enthält wiederum keinen Beweis, daß beide Teile seiner Definition objektiv zusammenstimmen. Nein, die Deduktion, die Schillers Schönheitsbegriff objektive Gültigkeit verleihen sollte, ist ihm nicht gelungen. Doch aus diesem Scheitern zu folgern, Schillers Schönheitslehre sei unbrauchbar, legt der Deduktion unter kantischer Perspektive zu große Bedeutung bei. Interessant erscheint uns daher nicht seine gewundene Argumentation, sondern seine Schönheitsdefinition: Schönheit ist Freiheit in der Erscheinung.

Es mag irritieren, gar logisch bedenklich erscheinen, daß man die Entwicklung eines Gedankens zurückweist, das Ergebnis jedoch akzeptiert. Diese Kühnheit läßt sich vielleicht rechtfertigen, indem man annimmt, daß Schiller intuitiv auf seine Schönheitsdefinition stieß und sie nachträglich logisch absichern wollte. Dies konnte er jedoch mit dem kantischen Instrumentarium, das ihm zur Verfügung stand, nicht bewerkstelligen. Es war von vornherein der Versuch einer Beweisführung mit falschen Mitteln, denn er unternahm nichts Geringeres, als mit den Denkformen der kantischen Subjektivitätstheorie ein scheinbar objektives Prinzip des Geschmacks zu beweisen.[1]

Schillers Schönheitsdefinition und seine Überlegungen zum Schönen haben auch ohne die verunglückte Deduktion solche Bedeutung, daß man ohne Übertreibung von neuen Einsichten sprechen kann, die die Ästhetik Schiller verdankt. Dafür sprechen die Wirkungsgeschichte seiner ästhetischen Schriften und Hegels Urteil, der Schiller »das große Verdienst« zugestand, »die Kantische Subjektivität und Abstraktion des Denkens« durchbrochen zu haben.[2] Weder die romantischen Ästhetiker noch Hegel kannten Schillers verunglückte Deduktion des Schönen in den *Kallias*-Briefen; was ein weiteres Argument für die These sein dürfte, daß noch viel von Schillers Schönheitslehre bleibt, auch wenn man auf die Deduktion verzichtet.

---

1. Es ist und bleibt die Frage, die Schiller vor lauter Grundsätzlichem nicht anschneidet, ob der Geschmack nicht genauso historisch bedingt sei wie die Kunst, d. h., ob es – abgesehen von den erkenntnistheoretischen Schwierigkeiten – ein objektives Prinzip des Geschmacks überhaupt geben kann. Würden wir die historische Vielfalt der Kunst durch einen zeitlos gültigen Maßstab des Geschmacks nicht vergewaltigen? Solche Bedenken hat Schiller sieben Jahre später selbst geäußert, denn in einem Brief an Süvern vom 26. Juli 1800 lesen wir: »Ich teile mit Ihnen die unbedingte Verehrung der Sophokleischen Tragödie, aber sie war eine Erscheinung ihrer Zeit, die nicht wiederkommen kann; und das lebendige Produkt einer individuellen, bestimmten Gegenwart einer ganz heterogenen Zeit zum Maßstab und Muster aufdringen, hieße die Kunst, die immer dynamisch und lebendig entstehen und wirken muß, eher töten als beleben.« Der historische Sinn, der den Europäern erst im 19. Jahrhundert voll aufging, bereitet sich hier vor und deutet auf andere Lösungsmöglichkeiten des Problems denn a priorische.

2. G. W. F. Hegel, *Vorlesungen über die Ästhetik*, I. Teil, Einleitung III B 2.

III

»Schönheit ist Freiheit in der Erscheinung.« An dieser Definition, die Schiller in den *Kallias*-Briefen erstmals formulierte, hält er fest, sie bildet die Grundlage seiner ästhetischen Schriften. Noch in der Anmerkung zum 23. Brief der *Ästhetischen Erziehung* heißt es: «Schönheit aber ist der einzig mögliche Ausdruck der Freiheit in der Erscheinung.« Diese Formel, die viel zu denken gibt, ist Schillers Schönheitslehre in nuce.

Es gehört zu den gesicherten Ergebnissen der Ästhetikforschung, daß Schiller seinen Schönheitsbegriff aus der berühmten Schönheitsdefinition Kants entwickelt hat: »Das Schöne ist das Symbol des Sittlich-Guten« (KU § 59). Diese Verbindung des Schönen mit der praktischen Vernunft kann nur mit Hilfe einer Analogie, einer symbolischen Operation, zustande kommen. Wie das zu verstehen sei, erläutert Kant im gleichen Paragraphen: Ein Gegenstand der Anschauung wird mit einem Begriff in der Weise verbunden, daß beide nicht de facto übereinstimmen, sondern nur eine Erkenntnisregel teilen. Kant wählt zur Verdeutlichung folgendes Beispiel: Ein despotischer Staat ließe sich durch eine Maschine symbolisieren. Der Begriff eines despotischen Staates und eine Maschine sind realiter grundverschieden, doch läßt sich ein tertium comparationis finden, das beide teilen, denn beide lassen sich unter der Regel der Kausalität denken. In ähnlicher Weise müßte eine indirekte Darstellung der Vernunftbegriffe möglich sein. Nun ist es an sich unmöglich, Vernunftbegriffe, also Ideen, darzustellen, »weil ihnen schlechterdings keine Anschauung angemessen gegeben werden kann«. Doch »vermittels einer Analogie« hält Kant es für möglich, im schönen Gegenstand ein Symbol der sittlichen Vollkommenheit zu sehen.

Kant widmet diesen Überlegungen nur das Schlußwort seiner Ästhetik, und er gibt zu, daß man bisher über das Problem symbolischer Darstellung wenig nachgedacht habe: »Dies Geschäft ist bis jetzt noch wenig auseinandergesetzt worden, sosehr es auch eine tiefere Untersuchung verdient; allein hier ist nicht der Ort, sich dabei aufzuhalten« (§ 59). Das ist der Punkt, an dem Schillers Überlegungen einsetzen, indem er aus der Perspektive des Künstlers nach der Qualität der schönen Gegenstände fragt und in der Freiheit in der Erscheinung *eine* solche Qualität entdeckt zu haben glaubt.

Natürlich weiß Schiller, daß die schönen Gegenstände nicht frei sind, erst recht nicht im moralischen Sinn. Andererseits weiß er auch, daß die Freiheit als eine Idee der Vernunft niemals anschaulich dargestellt werden kann. Dennoch unternimmt er es, die Form der praktischen Vernunft auf die schöne Außenwelt zu übertragen. Die Logik dieser Betrachtungsweise kann nur in der eben skizzierten analogischen Denkweise gefunden werden, die eine Anschauung mit einer Idee so verbindet, daß beide eine Erkenntnisregel gemeinsam haben. Worin sieht Schiller nun das Analogon, das es ihm ermöglicht, das Schöne mit der Freiheit in Beziehung zu setzen? Es ist nicht mehr und nicht weniger als das »Nichtvonaußenbestimmtsein«. Ein Gegenstand der Sinnenwelt, der so aussieht, als ob er nicht von außen bestimmt würde, als ob er weder einem fremden Einfluß noch einem Zweck unterworfen wäre, sondern nur seinem eigenen Gesetz zu folgen scheint, ist schön. In ihm entdeckt die Vernunft eine Ähnlichkeit mit ihrer eigenen Tätigkeit. Die praktische Vernunft findet in der Sinnenwelt überraschend eine Übereinstimmung mit ihrem eigenen Gesetz, die sie befriedigt. »Die große Idee der Selbstbestimmung strahlt uns aus gewissen Eigenschaften der Natur zurück, und diese nennen wir *Schönheit*« (S. 23). Ein Jahr später in der Rezension der Gedichte Matthissons beschreibt Schiller diesen ästhetischen Gebrauch der Vernunft folgendermaßen: »In tätigen und zum Gefühl ihrer moralischen Würde erwachten Gemütern sieht die Vernunft dem Spiele der Einbildungskraft niemals müßig zu; unaufhörlich ist sie bestrebt, dieses zufällige Spiel mit ihrem eigenen Verfahren übereinstimmend zu machen. Bietet sich ihr nun unter diesen Erscheinungen eine dar, welche nach ihren eigenen (praktischen) Regeln behandelt werden kann, so ist ihr diese Erscheinung ein Sinnbild ihrer eigenen Handlung« (Säkular-Ausgabe XVI, 259). Das Schöne gefällt, da es unseren Intellekt beschäftigt und unser sittliches Interesse befriedigt. Der wahrgenommenen Analogie zwischen dem schönen Gegenstand und der praktischen Vernunft entspringt unsere Freude am Schönen.

Man sollte sich daher hüten, in Schillers Ästhetik vorschnell eine Vermischung des Ethischen mit dem Ästhetischen zu erblicken, denn der schöne Gegenstand erscheint nur frei, ist nur Symbol unserer Freiheit. Selbst das Kunstschöne kann nur eine indirekte Darstellung der Freiheit sein, »denn ich bin so weit entfernt, die Schönheit von der Sittlichkeit abzuleiten, daß ich sie vielmehr damit beinahe unverträglich halte« (S. 23). Ausdrücklich betont Schiller, daß moralische Zweckmäßigkeit zur Schönheit eines Kunstwerks nichts beitrage. »Ein Dichter würde sich also vergebens mit der moralischen Absicht seines Werks entschuldigen, wenn sein Gedicht ohne Schönheit wäre. Das Schöne wird zwar jederzeit auf die praktische Vernunft bezogen, [...] aber bloß der *Form*, nicht der *Materie* nach« (S. 27). Mit anderen Worten: das Schöne ist kein Produkt der praktischen Vernunft, sondern nur dessen Analogon.

Beachtet man diese Trennungslinie, so kann man getrost zugeben, daß Schiller in all seinen ästhetischen Schriften bemüht war, Freiheit und Schönheit, Vernunft und Sinnlichkeit in eine möglichst enge Beziehung zu setzen. Er hat uns eigentlich erst die Augen dafür geöffnet, die Bedeutung des Schönen für den Menschen zu erkennen. Das Schöne war für ihn das Symbol einer glücklichen Aussöhnung der Sinnlichkeit mit der Vernunft, jenen einander widerstreitenden Kräften im Menschen. Die sinnlich-sittliche Doppelnatur des Menschen scheint im schönen Gegenstand aufgehoben, da in der sinnlichen Repräsentanz der Freiheit die Gegensätze zu harmonieren scheinen. Nur im Zusammenhang dieser Schönheitsauffassung wird es verständlich, welche Bedeutung Schillers Ideal der ›schönen Seele‹ hat, das er in seiner Schrift *Über Anmut und Würde* so ausführlich behandelt.

Auch diese Idee nimmt der *Kallias*-Briefwechsel vorweg, wenn auch nur andeutungsweise. Noch mitten in der Entwicklung seiner Schönheitsidee erläutert Schiller seine bisherigen Ergebnisse durch das biblische Gleichnis von einem Mann, der unter die Räuber fiel. Er entwickelt fünf Verhaltensmuster hilfreicher Menschen, die des Wegs kommen. Ihre Handlungsweisen reichen vom gutherzigen Affekt über nützliche Hilfe bis hin zur moralischen Pflichtgemäßheit im Sinne Kants, aber als moralisch schön erscheint Schiller nur die Verhaltensweise des letzten – der Samariter ist in diesem Falle ein einfacher Lastträger. Er hilft unaufgefordert und selbstvergessen, ohne nach dem eigenen materiellen Schaden zu fragen. Nur er erfüllt seine Pflicht mit Leichtigkeit, »als wenn bloß der Instinkt aus ihm gehandelt hätte« (S. 32). Schiller schließt aus diesem Beispiel, daß eine moralische Handlung erst dann schön zu nennen sei, »wenn sie aussieht wie eine sich von selbst ergebende Wirkung der Natur. Mit einem Worte: eine freie Handlung ist eine schöne Handlung, wenn die Autonomie des Gemüts und Autonomie in der Erscheinung koinzidieren« (S. 32). Eine solche Übereinstimmung zwischen Sinnlichkeit und Vernunft nennt Schiller »moralische Schönheit«; sie ist ihm das Ideal menschlicher Vollkommenheit, »denn sie tritt nur alsdann ein, *wenn ihm die Pflicht zur Natur geworden ist*« (S. 32). Selbst an dieser Stelle sollte man es vermeiden, von moralischer Zweckmäßigkeit im Gebiet der Ästhetik zu sprechen, oder gar über moralische Erörterungen die ästhetischen aus dem Gedankengang zu verlieren, denn das Gleichnis ist an dieser Stelle als ein Beleg für die These eingefügt, daß Schönheit Freiheit in der Erscheinung sei. Selbst die Formel von der »moralischen Schönheit« ist nicht mehr als eine Metapher, die ausdrücken soll, daß das Moralische hier als Natur erscheint: die moralische Handlung sieht aus wie eine sich selbst ergebende Wirkung der Natur, die Natur scheint frei zu handeln – und das wird als schön empfunden.
Dasselbe Ideal beschreibt Schiller dann ausführlicher und zweifellos umständlicher in dem Aufsatz der *Neuen Thalia*,

dessen Erstdruck er seinem Gönner Karl von Dalberg mit dem Milton-Wort zueignet: »Was du hier siehest, edler Geist, bist du selbst.« Auch in dieser Schrift bildet sein zentrales Schönheitskonzept die Grundlage seiner Erörterungen der Anmut, die in der Definition der ›schönen Seele‹ gipfeln: »In einer schönen Seele ist es also, wo Sinnlichkeit und Vernunft, Pflicht und Neigung harmonieren, und Grazie ist ihr Ausdruck in der Erscheinung« (S. 111). Dieses Ideal menschlicher Vollkommenheit finden wir im schönen Gegenstand symbolisiert. Freilich weiß Schiller, daß die Schönheit dem Betrachter eine Harmonie vorstellt, die er nie erreichen wird. Auch die Charakterschönheit, die uns die ›schöne Seele‹ zeigt, »ist bloß eine Idee«, d. h. eine unendliche Aufgabe für den Menschen.

Die Wirklichkeit der menschlichen Natur spricht diesem Ideal nur zu oft hohn. Der Mensch kann sich seinen Neigungen eben nicht bedingungslos überlassen, sich den Bedürfnissen der Sinne nicht einfach anvertrauen. So erstrebenswert die Harmonie der beiden menschlichen Naturen sein mag, die Triebe fordern ihre Rechte, und würde der Mensch sich ihnen überlassen, so würde er sich vom Tier kaum unterscheiden. Doch kennt der Mensch noch ein anderes Interesse, als es sich wohl sein lassen; er spürt in sich eine Kraft der Entgegensetzung, die verabscheuen kann, was die Triebe begehren. »Beherrschung der Triebe durch die moralische Kraft ist *Geistesfreiheit,* und *Würde* heißt ihr Ausdruck in der Erscheinung« (S. 119). Die Würde ist daher der »Ausdruck einer erhabenen Gesinnung« (S. 113).

Die Schönheit symbolisiert das sittliche Ideal einer Übereinstimmung von Vernunft und Sinnlichkeit, während das Erhabene die sittliche Energie in uns verkörpert, die Herrschaft der Vernunft über die Sinnlichkeit. Die Schönheit hält uns in der Sinnenwelt gefangen, das Erhabene dagegen erhebt uns über sie, gibt uns eine Vorstellung unserer möglichen Vollendung.

Doch brechen wir an dieser Stelle ab, da uns die Diskussion der Begriffe des Erhabenen und der Würde auf ein weites

Feld führen, nämlich in Schillers Dramentheorie[3]. Zudem verlassen wir mit solchen Überlegungen den engeren Bereich der Schillerschen Schönheitslehre, der diese Einführung galt.

---

3. Vgl. Friedrich Schiller: *Vom Pathetischen und Erhabenen. Ausgewählte Schriften zur Dramentheorie.* Hrsg. von Klaus L. Berghahn. Stuttgart 1970. (Reclams Universal-Bibliothek Nr. 2731.)

Inhalt

Kallias oder über die Schönheit 3
Über Anmut und Würde 67
Anmerkungen 139
Ausgewählte Literatur zu Schillers
　Schönheitslehre 153
Nachwort 157

Friedrich Schiller

EINZELAUSGABEN IN RECLAMS UNIVERSAL-BIBLIOTHEK

Die Braut von Messina. 165 S. UB 60
Demetrius. 144 S. UB 8558
Don Karlos, Infant von Spanien. 192 S. UB 38 – dazu *Erläuterungen und Dokumente.* 240 S. UB 8120
Gedichte. 424 S. UB 1710
Gedichte. Auswahl. 213 S. UB 18061
Der Geisterseher. 243 S. UB 7435
Die Jungfrau von Orleans. 157 S. UB 47 – dazu *Erläuterungen und Dokumente.* 160 S. UB 8164
Kabale und Liebe. 128 S. UB 33 – dazu *Erläuterungen und Dokumente.* 174 S. UB 8149
Kallias oder über die Schönheit. Über Anmut und Würde. 173 S. UB 9307
Maria Stuart. 168 S. UB 64 – dazu *Erläuterungen und Dokumente.* 214 S. UB 8143
Die Räuber. 176 S. UB 15 – dazu *Erläuterungen und Dokumente.* 232 S. UB 8134
Turandot, Prinzessin von China. 91 S. UB 92
Über die ästhetische Erziehung des Menschen in einer Reihe von Briefen. 287 S. UB 18062
Über naive und sentimentalische Dichtung. 127 S. UB 7756
Der Verbrecher aus verlorener Ehre und andere Erzählungen. 70 S. UB 8891
Die Verschwörung des Fiesco zu Genua. 136 S. UB 51
Vom Pathetischen und Erhabenen. 158 S. UB 2731
Wallenstein. I *Wallensteins Lager. Die Piccolomini.* 128 S. UB 41. II *Wallensteins Tod.* 128 S. UB 42. Zu I u. II: *Erläuterungen und Dokumente.* 294 S. UB 8136
Wilhelm Tell. 143 S. UB 12 – dazu *Erläuterungen und Dokumente.* 112 S. UB 8102

Interpretationen: Schillers Dramen. 431 S. UB 8807

Philipp Reclam jun. Stuttgart